KB163622

이스탄불

동서양 문명의 교류

차례
Contents

나를 100번이나 불러들인 도시

이스탄불은 세상에서 가장 매력적인 도시다. 사람들은 이스탄불에만 다녀오면 심한 열병을 앓는다. 그리고는 다음번 이스탄불 여행을 꿈꾸며 마음이 들뜬다. 동양과 서양에 걸쳐 있다는 단순한 지리적 호기심 때문만은 아닐 것이다. 무언가 색다른 분위기와 사람을 녹여버리는 끌림이 있기 때문이다. 그렇다. 이스탄불에는 언제나 감동이 넘쳐난다. 이스탄불은 언제나 아름답다.

에윱 언덕에 비스듬히 들꽃이 피는 4월에는 새로움을 상징하듯 어린이의 세상이 열리고, 5월에는 이스탄불 정복의 대축제가 열린다. 구름 한 점 없는 코발트색 하늘에 지중해

블루가 도시를 휘감는 긴긴 여름날에는 전세계에서 몰려든 건강하고 싱싱한 발걸음들이 만나면서 작은 지구촌을 이룬다. 이스탄불을 이루는 일곱 개의 언덕마다 나뭇잎들이 붉은 빛을 더해가는 가을이 되면 도시 전체는 아름다운 사색의 정원이 된다. 낭만의 도시에는 매혹적인 터키 커피향내와 신비주의 수피음악이 흐른다. 아! 겨울의 이스탄불은 또 어떤가. 도시는 온통 잿빛이다. 미소를 잃어버린 잿빛 하늘에 매캐한 굴뚝 연기가 도시를 감싼다. 나르길라(물담배)에서 품어져 나오는 연기가 뒹구는 낙엽과 함께 길가를 맴돈다.

이스탄불에는 서양적인 외관에 동양의 깊은 맛이 숨어 있다. 무질서하고 난잡하다는 느낌보다는 사람 사는 진정성을 발견한다. 시장터에서 만난 서민들의 행렬 가운데서도 삶에 대한 저항적 응어리보다는 달관한 듯한 부드러움이 느껴진다. 모스크 앞에서 예배를 마치고 나오는 신자들을 향해 손을 벌리는 거지들조차도 비굴함을 뛰어넘는 당당함을 유지한다. 그들은 동전을 건네는 사람들에게 고맙다는 말 대신에 이렇게 인사한다. "알라 라즈 올순(알라가 좋아하실 것이다)!!"

무엇보다 그곳 사람들의 친절함과 마음에서 우러나오는 한국 사랑에 우리는 가슴 찡한 감동을 얻는다. 지구촌에서 우리가 유일하게 일등 국민 대접을 받는 나라. 우리의 역사와 문화를 제대로 이해해주고 평가해주는 참된 친구가 있는

성 소피아 성당과 술탄 아흐메트 사원을 중심으로 한 이스탄불 구시가 전경.

나라. 그래서인지 그들의 삶을 들여다보면 우리의 모습을 많이 간직하고 있음을 알게 된다. 서로 나누고 끈질기게 이어가는 가족애와 공동체 의식, 열정적인 감성과 의리를 소중히 여기는 국민성 등 우리가 많이 잃어버리고 잊어버렸던 소중한 것들을 그들은 아직 간직하고 살아간다.

이스탄불은 볼 것이 많은 도시다. 5천 년 인류 역사의 두터운 층이 도시 전체를 감싸고 있다. 이스탄불은 지구촌 삶의 박물관이다. 사람이 살아오면서 경험하고 지켜왔던 모든 것들을 골고루 갖춘 도시이다. 그래서 이스탄불 구도심 전역은 유네스코 세계문화유산으로 지정되어 보호받고 있다.

더욱이 자기 것만 내세우고, 자기 것만 선이라고 믿고 있는 불행한 광신의 시대에 이스탄불은 문명에 대한 겸손과 더불어 함께 사는 아름다움을 가르쳐준다. 유대인이 행복하게 살고 있고, 그리스 정교집단과 아르메니아 정교회도 나름대로 자신들의 정체성을 유지하며 이스탄불을 떠나려 하지 않는다.

이스탄불은 아름다운 도시다. 눈으로 보고 가슴으로 느끼면서 말과 글로 꼭 남에게 전해주고 싶은 도시다. 바다와 역사, 시장과 사원, 소리와 빛이 절묘한 조화를 이루며 가장 역동적인 '삶'이라는 예술을 만들어내는 산실이다. 흑해와 에게해를 이어주는 보스포러스의 좁은 해협 사이로 배들이 다니고, 낚싯대를 드리운 시민들 사이로 자동차가 달린다. 석양에 걸린 붉은 태양 속으로 코란의 애잔한 낭송이 퍼지면, 이스탄불은 화려한 밤의 세계를 연다. 성과 속이 하나 되고 자연과 사람이 넉넉한 관계를 유지하는 공간이 이스탄불이다.

그래서 누구라도 이스탄불에 오면 잃어버린 자신의 모습을 발견한다. 그리고 푸근함을 느낀다. 역사와 자연, 사람들까지 우리와 멀리 떨어져 있지 않고, 낯설지 않다. 우리가 닿기 어려운 높은 곳에 있지도 않다. 이스탄불은 그런 도시이다. 이것이 지난 25년 동안 나를 100번이나 불러들인 이스탄불의 매력이다.

눈먼 자의 땅에 도시를 세우라

기원전 7세기 그리스 통치자 비자스는 오랜 기도 끝에 "눈 먼 땅에 새 도시를 건설하라"는 델피 신전의 신탁을 받았다. 이 의미를 깨닫지 못했던 비자스는 보스포러스 해안 맞은편 언덕과 마주친 순간 무릎을 쳤다. 그곳에는 세 바다가 만나는 천혜의 요새에다 그 무엇과도 견줄 수 없는 절경이 숨어 있었다. 보스포러스의 물결과 골든 혼, 그리고 에게 해로 흘러가는 마르마르 해의 세 물줄기가 빚어내는 이 언덕은 바로 지상의 천국이었다. 그 누구도 눈이 멀어 미처 보지 못했던 언덕에 비자스는 그의 도시를 건설했다. 비자스의 도시 비잔티움은 이렇게 생겨났다.

풍부한 자원이 있고 전략적 가치가 뛰어난 비잔티움은 새로운 지배세력이 등장할 때마다 가장 먼저 관심을 갖는 지역이었다. 수많은 정치적 소용돌이를 경험하면서 비잔티움의 운명은 수시로 바뀔 수밖에 없었다. 페르시아 제국이 서쪽으로 힘을 키워갈 때인 기원전 512년에는 (30년이란 짧은 기간이었지만) 다리우스 대왕의 지배를 받았다. 그리스 시대에는 아테네와 함께 델로스 동맹(BC 474)에 가담하여 페르시아에 맞서기도 했고, 때로는 그리스 본토를 공격하기도 했다. 아테네와 스파르타 사이의 전쟁 중에는 스파르타에 복속되었다. 그리스 북부에 마케도니아 왕국이 세력을 키워가자, 기원전 340년경 필립 2세의 침공을 받았다. 알렉산더 왕의 사후 로마가 번성하기 시작하자, 기원전 150년 로마와 협약을 맺고 조공을 바치는 대가로 독립했다. 그 후 2세기 말까지 경제적 번영을 계속해갈 수 있었다.

이 도시는 323년 로마 황제 콘스탄틴 대제가 수도로 정한 후 그의 이름을 따서 콘스탄티노플이 되었다. 도시 형태와 기본 구조는 로마의 모습을 따랐지만, 로마를 능가하는 도시 규모로 발전했다. 초기 콘스탄티노플의 영광을 알려주는 흔적이 바로 마차경기장이 있던 히포드롬이다. 지금은 8만 명의 관객을 수용하던 대경기장의 당시 모습은 찾을 수 없다. 그러나 광장에는 데오도시우스 1세 때 이집트의 카르나크 신전에서 가져온 오벨리스크, 콘스탄틴 1세가 그리스 델피 신전에서 가져온 세 마리의 청동 뱀 기둥, 콘스탄틴의 오벨리스크 등이 서 있다.

콘스탄티노플은 몇 차례 대지진과 대화재의 참화를 입었음에도 발전을 거듭해갔다. 더욱이 게르만족의 침입으로 476년 서로마가 멸망한 뒤에는 동로마의 수도로서 유럽과 아시아를 잇는 교량 역할을 담당했다. 이 도시는 5세기경에 이미 323개의 골목길과 4,383채의 가옥을 갖추었다. 인구도 점점 늘어나 6세기에 50만 명이었던 인구는 9세기경 세계 최대 도시답게 백만 명에 이르렀다. 그러나 동·서로마 사이에 십자가와 성화의 우상숭배 논쟁이 격화되었고, 두 로마는 종교적으로 점차 다른 길을 걸어갔다. 결국 1054년 동·서교회는 정식으로 결별을 선언하고, 콘스탄티노플은 동로마교회로서 그리스 정교의 본산으로 우뚝 서게 되었다.

콘스탄티노플의 비극은 1203~1204년에 걸친 제4차 십자군 원정군의 침입으로 절정에 달했다. 1203년 7월 17일 도심에 진입한 십자군 원정대는 부와 풍요를 자랑하던 콘스탄티노플의 재산과 문화적 기반을 유린하였다. 수많은 시민들이 학살당했고, 모든 교회와 학교, 관공서가 약탈당했다. 900년간 기독교의 중심 도시로서 쌓아왔던 지적 기반이 송두리째 뿌리뽑히는 철저한 파괴와 수탈이 이어졌다. 많은 서구 학자

들조차도 사실상 콘스탄티노플의 운명은 이미 이때 결정되었다고 전하고 있다.

약화된 도시는 1400년 이후 오스만 제국에 의해 여러 차례 침공을 당했다. 그러다가 결국 1453년 오스만 제국의 술탄 메흐메트 2세에 의해 점령당했고, 이후 이슬람의 도시인 이스탄불로 그 운명이 바뀌었다.

콘스탄티노플의 함락과 중세의 종말

1453년 5월 29일. 환희와 비극이 교차하는 이날은 길이 기억될 날이었다. 천 년을 이어온 동로마 제국이 종말을 고하는 날이었으며, 동양의 이슬람 제국인 오스만 터키에게는 새로운 역사의 장이 열리는 날이기도 했다. 인류에게는 중세가 마감되고 근세가 시작되는 대사건이었다.

오스만 제국의 정복이 임박하자, 동로마의 비잔틴 제국은 유럽과의 종교적 화해를 모색하면서 이교도로부터 콘스탄티노플을 지키려 했다. 1452년 12월 12일에는 로마 교황의 사절이 도착하여 성 소피아 성당에서 처음으로 가톨릭 의례를 집전하기도 했다. 그러나 시민들의 반감은 여전히 차가웠다.

오스만 제국의 새 술탄이 된 메흐메트 2세는 콘스탄티노플로부터 잠시도 눈을 떼지 않았다. 19살의 젊은 술탄에게 콘스탄티노플은 그의 제국이 열어갈 새로운 세상의 시작이었기 때문이었다. 메흐메트 2세는 보스포루스 해협 양안에 룸 엘리 히사르와 아나돌루 히사르라는, 마주보는 두 개의 성채를 축조했다. 이로써 콘스탄티노플로 향하는 해상 보급로를 차단한 메흐메트 2세는 1453년 직접적인 공략을 서둘렀다. 비잔틴 제국의 황제 콘스탄티누스 11세에게 최후통첩을 보냈음에도 항복을 하지 않자, 4월 12일 공격을 시작했다. 전투는 치열했지만 성과는 없었다. 도심을 감싸고 있는 바다 쪽인 서쪽 외벽은 2중 3중의 두터운 방어벽이 있어서 좀처럼 뚫리지 않았다. 상대적으로 골든 혼 내해 쪽의 성벽은 수비가 허술했지만, 골든 혼의 좁은 입구를 쇠사슬이 막고 있어 함대가 진입할 수 없었다. 그래서 배를 육로로 날라 언덕을 넘어 골든 혼 내해에 진입시키는 전술을 계획했다. 역사에 길이 남을, 또한 상상을 초월하는 작전이었다. 4월 21일 밤, 70여 척의 함대가 골든 혼 바깥쪽의 톱하네에 집결하여 밤새 테페바시 언덕을 넘어 카슴파샤 쪽으로 이동해갔다. 골든 혼의 쇠사슬 저지선을 뚫은 것이다. 4월 22일 날이 밝자 오스만 함대는 일제히 공격을 시작했다. 그렇지만 16만의 오스만 군대는 약 5천 명의 군인과 3만 명의 주민이 결사 항쟁하는 비잔틴을 쉽게 꺾을 수 없었다. 5월 29일 아침, 치열한 전투는 오스만 군대의 마지막 총공세로 끝이 났다. 콘스탄티노플 성벽이 뚫리고 도시는 완전 장악되었다. 비잔틴 제국의 마지막 황제 콘스탄티누스 11세는 로마노스 문 근처에서 장렬하게 전사했다.

메흐메트 2세는 승리의 미소를 지었다. 그의 나이 21세였다. 그는 오스만 제국의 관례에 따라 3일간 약탈을 허용했다. 항복하거나 오스만 통치체제를 받아들인 주민들의 목숨은 보호되었다. 일정한 세금을 내는 조건으로 그들의 종교와 문화적 관습도 존중되었다. 메흐메트 2세는 성 소피아 성당으로 말을 몰았다. 그는 말에서 내려 흙 한 줌을 모아 그의 터번에 뿌리고 알라께 기도를 드렸다. 조상들의 오랜 숙원을 이루게 해준 신께 대한 감사와 찬미의 예배였다. 성 소피아 성당은 모스크로 개조되었다. 유럽 기독교의 심장이었던 소피아 성당의 기능적 소멸은 유럽에 대한 오스만 제국의 완전한 우위를 표방하는 상징적 사건이었다.

처음 비자스 왕이 도시를 세웠던 그 자리에 지금은 오스만 500년의 영광과 국력을 과시했던 궁전이 들어서 있다. 바로 토프카프 궁전이다. 고대 그리스, 로마, 비잔틴, 오스만 제국으로 이어지는 도도한 문명 발전의 맥이 이스탄불을 중심으로 해서 세계로 뻗어나간 셈이다. 시대적 배경은 달랐지만, 그 문화들은 서로 섞이고 화해하면서 오늘도 그렇게 자연스럽게 서 있다. 군데군데 쓰러진 그리스 신전의 열주(列柱)가

지나가는 행인들의 체스판이 되고, 로마 시대의 석관 뚜껑은 간이식당의 테이블이 되어 시민들에게 점심 휴식터를 제공한다. 여기저기 널린 유물을 일상의 삶에서 안고 사는 사람들은 그것을 왜 박물관의 유리관 속에 넣지 않느냐며 유물 보존 운운하는 사람들을 만나면 그냥 웃고 만다. 도시 전체가 박물관인데, 굳이 폐쇄된 공간에 기둥조각을 가두어놓아야 할 이유를 그들은 느끼지 못한다.

세상에서 가장 아름다운 보스포러스 해협

이스탄불은 보스포러스 해협을 가진 도시다. 그것만으로도 이스탄불은 그 이름을 빛낼 수 있다. 그만큼 보스포러스의 아름다움은 비교할 수 없는 독특한 매력에 휩싸여 있다. 천2백 만 인구를 가진 대도시 한가운데를 흐르며 유럽과 아시아를 갈라놓는 보스포러스는 그 자체가 하나의 완벽한 작품이다. 자연 속에 자연스럽게 들어앉은 튀지 않는 빌라들이 있고, 쌍방향으로 빠르게 흐르는 물결이 넘실댄다. 모든 찌꺼기와 모든 상처를 쉼 없이 흘려보내는 보스포러스에는 원한과 아쉬움이 잠시라도 남아 있을 틈이 없다. 모든 것을 받아들이고 모든 것을 용서하는 힘이 넘친다. 그래서 나는 보스

아시아와 유럽을 연결하는 보스포러스 해협.

포러스를 좋아한다. 보스포러스 표면의 물결을 자세히 보면 거의 막혀 있는 것 같은 길고 좁은 협곡을 따라 흑해에서 지중해 쪽으로 빠른 속도로 흘러간다. 그 길이는 32km에 이른다. 밑바닥에서는 지중해에서 동쪽 흑해로 향하는 또 다른 거대한 물의 흐름이 감지된다. 지중해의 염도 높은 무거운 물은 밑에서 숨어서 흑해로 흘러가고, 민물에 가까운 흑해의 바다는 지중해를 향해 전속력으로 달린다. 보스포러스에서 두 물은 그렇게 수만 년을 몰래 만나왔다. 앞으로도 또 수만 년을 그렇게 만날 것이다.

보스포러스에는 낭만이 있고, 절경이 있고, 환희와 한탄의 사연들이 있다. 기독교와 이슬람, 비잔틴과 오스만 제국이 경쟁하면서 인류 역사의 흐름을 뒤바꾼 숱한 격돌의 현장이 잠들어 있다. 폭 700m의 해협을 사이에 두고 벌어졌던 절절한 아쉬움이 그득하다. 그리고 무엇보다 퇴근길에 낚싯대를 드리우고 고기를 잡아 저녁반찬을 준비할 수 있는 천2백만 대도시의 심장부다.

예니 자미가 보이는 맞은편 시르케지 선착장에서는 보스포러스를 횡단하는 페리가 출발한다. 시르케지는 파리에서 출발한 오리엔트 특급이 도착하는 종착역이 있는 부두다. 흑해를 향해 출발한 페리는 5분도 지나지 않아 돌마바흐체 궁전 앞을 지나간다. 유럽 쪽 해변가를 따라 300m쯤 길게 뻗어 있는 유럽식 궁전이다. 오스만 제국이 한참 기울기 시작하던 1856년에 완공되었다. 겉보기에도 파리의 베르사유 궁전을 빼닮았다. 이곳에 잠시 내려 궁전을 구경하고 다시 배를 탈 수도 있다. 은은한 잿빛 대리석 벽면에 하얀 오닉스로 정문을 조각해놓았다. 세계에서 가장 군기가 잘 잡혀 있다는 터키 헌병대 보초가 지키는 정문을 지나면, 수천 종의 나무와 화초로 뒤덮인 정원의 연못에서 분수가 물을 뿜고 있다. 안내를 받아 실내로 들어가면 갑자기 머리가 어지러워진다. 나무 바닥을 보호하기 위해 깔아놓은 카펫 위로만 조심조심 걸어 한 제국의 부와 욕망을 만난다. 벽이며 천장이며 집기

돌마바흐체 궁전 해변가의 술탄 알리데 모스크.

에 수천 kg에 달하는 금을 발랐다. 순금 밥그릇에 산호 손잡이, 유럽 최고의 크리스털 식기, 세계 최고라는 수식어가 항상 붙어다니는 4,500kg의 샹들리에, 카펫, 유럽 대가들의 그림, 은제 시계, 곰 가죽, 명치 시대 화조, 투명 옥으로 장식한 터키탕 하맘. 한 인간의 삶이 얼마나 사치스럽고 화려해질 수 있는가를 절절히 깨닫게 된다. 어쩌면 그것은 곧 멸망을 앞둔 제국의 마지막 발악인지도 모른다.

　배가 닿는 돌마바흐체 선착장에는 아주 예쁜 왕궁 모스크가 있다. 1851년에 완공된 술탄 알리데 모스크다. 이렇게 아름다운 모스크가 또 있을까. 어두컴컴한 실내에 촛불을 켜고, 고개가 아플 정도로 높다란 꼭대기 유리창을 통해 들

돌마바흐체 궁전의 실내 정원과 분수.

어오는 빛마저 스테인드글라스로 막아 신비롭게 만든 예배 공간. 권위와 위엄을 상징하듯 .그저 하늘을 향해서만 높이 솟구치게 만든 고딕 종탑과 현기증 나는 미나렛 꼭대기는 이제 그만 보자. 이 모스크에서는 창을 통해 바다가 보인다. 그 바다를 건너 눈앞에 펼쳐지는 아시아를 굽어보며 사람들이 예배를 드린다. 신앙은 달라도 마음이 평안을 찾는 길은 매한가지일 텐데.

돌마바흐체의 호화로움과 건축에 따른 재정 압박은 제국의 멸망을 재촉할 뿐이었다. 그것도 모자라 술탄 압둘 아지즈는 선대왕의 궁전인 돌마바흐체를 버리고, 1874년에 1km 떨어진 북쪽 해안에 츠라안 궁전을 새로 지었다. 지금은 초

보스포러스 해변의 여름 별장.

호화 호텔로 개조되어 부호들이나 국가원수들이 옛날 제왕의 분위기를 만끽하는 용도로 바뀌었다. 압둘 아지즈를 이은 술탄 압둘 하미드 2세는 츠라안 궁전이 마음에 들지 않았다. 그래서 바로 옆의 이을드즈 언덕에 있던 별궁을 확대 개조하여 궁전을 만들고 그곳에서 정사를 보았다. 이을드즈 궁전에는 지금 이슬람역사문화연구소가 자리잡아 이슬람 문화 연구의 메카 구실을 하고 있다. 보스포러스 해변을 따라 경쟁적으로 세워진 세 개의 유럽식 궁전을 보면 500년 제국이 망해가는 과정을 이보다 더 적나라하게 설명해줄 수 없다는 생각이 든다.

그뿐이랴. 맞은편 아시아 해변에는 베이레르베이 궁전이

보인다. 츠라안 궁전을 지었던 술탄 압둘 아지즈(1861~1876)가 여름 별장으로 사용했던 유럽풍 궁전이다. 이 궁전 위로 보스포러스 다리가 지나간다. 1973년에 개통된 유럽과 아시아를 잇는 최초의 가교다. 양 해안에 튼튼한 교각을 세우고 1,074m 길이의 다리를 끌어당기는 형태로 만들어졌다.

보스포러스 페리는 아시아 쪽으로 한 번 갔다가 다시 유럽 쪽으로 방향 틀기를 계속하면서 흑해 쪽으로 나아간다. 룸 엘리 히사르 성채 쪽으로 돌아오면 야외 음악당에서 오케스트라의 선율이 흘러나온다. 오스만 제국이 비잔틴을 압박하기 위한 전략으로, 흑해와 지중해를 오가는 교역선을 통제하기 위해 설치한 군사요새다. 두 대륙 간 거리가 700m밖에 안 되는 가장 좁은 해협의 유럽 쪽 언덕에 있다. 콘스탄티노플이 함락되기 일 년 전인 1452년에 완공되었다. 부하 장군들 간의 치열한 경쟁으로 단 4개월 만에 축조된 이 요새는 콘스탄티노플 정복을 위한 마지막 강력한 의지의 표명이었다.

아시아 해변에는 아나돌루 히사르 성채가 마주보고 있다. 이로써 두 성채 사이에 쇠사슬을 매달아 흑해에서 콘스탄티노플로 향하는 모든 선박을 통제할 수 있게 되었다. 비잔틴 제국의 보급로가 오스만 제국의 수중에 놓이면서 사실상 승부는 끝난 셈이 되었다. 비잔틴 제국이 멸망한 후 더 이상 전략적 가치가 없어진 룸 엘리 히사르는 16세기 이후 감옥으로 사용되다가 지금은 유명한 야외 콘서트 공연장이 되었다.
지금도 여름이면 거의 매일 연극과 음악회가 열린다. 세계 유
명 예술가들의 특별 공연도 여름 내내 이어진다.

룸 엘리 히사르 옆으로 유럽과 아시아를 잇는 또 하나의
다리가 지나간다. 1988년 일본의 기술력에 의해 만들어진 '술
탄 파티 메흐메트 교'로 불리는 두 번째 보스포러스 다리다.

흑해를 향해 한참을 올라가면 오스만 말기의 유럽풍 정원
인 에미르간 사라이가 우리의 시선을 붙든다. 슬픈 사연이
녹아 있는 페르시아풍 별장과 공원이 있다. 1638년 오스만
제국의 술탄 무라트 4세에게 항복한 페르시아 왕자 에미르
간이 이스탄불에 불려왔을 때 이곳에서 향수를 달래며 여생
을 보냈다고 한다.

룸 엘리 히사르에서 바라본 술탄 메흐메트 다리.

룸 엘리 히사르에서 바라본 보스포러스.

페리는 타라비야의 현대식 호텔과 부자들의 요트 정박항을 지나, 사르예르에 닻을 내린다. 흑해 길목의 마지막 정박항구다. 생선시장이 형성되어 있고, 보스포러스 해변가의 가장 서민적인 생선요리를 즐길 수 있는 곳이기도 하다. 이곳에서는 따로 지도가 필요 없다. 좁은 시장통을 지나 버스가 다니는 해변도로로 들어서면 생선가게와 재래시장, 생선식당이 줄지어 우리를 기다리고 있다. 어려운 터키어로 된 음식 이름이나 코스의 매너에 신경 쓸 필요도 없다. 무엇을 먹어도 우리 입맛에 맞다. 생선 굽는 냄새나 기름에서 튀겨진 새우, 빵가루를 묻힌 홍합(미드예)의 겉모양만 봐도 맛이 확인된다. 살아 펄떡거리는 생선을 손으로 가리키면 소금을 발라 석쇠에

구워준다.

사르예르를 벗어나면 흑해가 시작되는 입구다. 바다 색이 검게 변한다. 잉크를 풀어놓아 하얀 옷에 파란 물감이 들 것만 같은 지중해의 선명함은 없다. 둔탁하지만 남성다운, 그러면서도 굳게 입을 다문 흑해가 기다린다. 바다 속이 검어 흑해인가 보다. 햇빛을 흡수하는 플랑크톤이 많아 빛이 바다 속까지 투시되지 못하기 때문에 색깔이 어둡게 보인다고 한다. 반면 10m 아래 바닥까지 훤히 내려다보이는 지중해를 터키 사람들은 백해(Ak Deniz)라 부른다. 이곳 사람들에게 아프리카와 아라비아 반도 사이에 놓인 홍해, 카스피 해를 부르는 청해 그리고 백해와 흑해는 하나의 우주관을 형성하는 조화와 의미체계를 가진 명칭들이다.

보스포러스는 여기서 끝이 난다. 지중해도 여기서 끝이 난다

보스포러스를 가로질러 아시아로 가기 위해서는 시르케지 선착장에서 위스크다르 행 페리를 타야 한다. 유럽 쪽 시르케지에서 맞은편 아시아 마을 위스크다르까지 20분이 걸린다. 이곳은 한때 유럽을 탐내고 아시아를 정복하러 떠나던 이들의 마지막 집결지였다. 동시에 동서를 잇는 육상 실크로드가 끝에 이르러 상인들이 짐을 내리는 교역항이었다. 장사가 되는 곳에는 절대 빠지지 않는 유대인들이 활동하던 무대도 이곳이었다. 1203년 4차 십자군전쟁 때 예루살렘으로 방향을 틀지 않고 콘스탄티노플을 약탈하기 위해 베네치아가 마지막 진을 친 곳이 바로 스쿠타리, 오늘의 위스크다르다. 15세기부터는 오스만의 대(對) 아시아 정벌을 떠나는 출발지로 바뀌었다.

선착장 앞 민주광장(Demokrasi Meydani)에 서면 16세기 오스만 시대의 전형적인 모스크가 눈에 들어온다. 오스만 제국의 전성기를 누렸던 슐레이만 대제의 딸 미흐리마를 위해 당대 최고의 건축가 미마르 시난이 만든 작품이다. 유난히 높은 첨탑은 밤에도 불을 밝힌 것으로 미루어볼 때 보스포러스를 오가는 선박들을 위한 등대 역할을 했음이 분명하다. 이곳 노인들은 이것을 이스켈레 모스크라 부른다. 그냥 '부두가 사원'이란 뜻이다. 문을 열고 들어가 분수대에서 시원한 지하수를 한 모금 마시고 모스크 안뜰을 돌아보면 절로 마음의 평정이 찾아온다. 이곳에서는 종교적 편견과 머릿속 깊숙이 들어 있는 인식의 선입견을 벗어던져버리자. 경건한 몰입의 자세로 예배드리는 모스크 실내에서 그냥 조용히 뒤에 앉아 있으면 된다. 그들은 다만 신을 만나는 방식이 우리와 조금 다를 뿐이다. 그들은 친절하고 진지한 인간의 모습을 삶으로 보여준다. 이슬람을 이해해주는 미소만으로도 우리는 그들의 오랜 친구가 되고 며칠을 묵어갈 수 있는 귀한 손님이 된다. 위스크다르는 그런 곳이다.

모스크를 나와 선착장 해변에 이르면 제법 큰 찻집이 있다. 잘록하고 자그만 유리 찻잔에 채워진 빨간 터키 홍차. '차이'라 부른다. 하얀 치즈를 빵 사이에 넣고 달구어진 기계로 눌러주는 토스트 한 조각과 함께 마시는 차이의 맛은 쉽게 잊혀지지 않을 것이다. 천 원으로 이렇게 멋있고, 맛있고, 운치 있는 간식을 먹을 수 있는 곳이 위스크다르. 급하지 않는 사람들은 바로 뒤에 있는 참르자 언덕 위로 올라가 석양의 유럽 쪽 이스탄불을 바라보는 것도 권할 만하다.

비잔틴 시절 제노아 상인들의 상업지구였던 카라쾨이에서 페리를 타면 하이다르파샤 선착장으로 간다. 유럽의 철도는 시르케지에서 끝나고, 바다 건너 이곳에서는 내륙을 횡단하며 앙카라로 이어지는 철도가 출발한다. 1908년에 완공한 하이다르파샤 기차역이 아시아의 특급 출발지답게 웅장한 모습으로 바다 건너 유럽을 응시하고 있다. 여기서부터는 이란을 통과하고 실크로드를 따라가다 시베리아 횡단열차를 만나 한반도의 끝까지 갈 수 있는 길이 열린다. 그 일대는 카드쾨이 마을로 비잔틴 시대의 칼케돈 지역이다. 최초의 그리스 식민 도시가 건설된 오랜 역사가 숨어 있는 곳이다. 물론 그 흔적을 쉽게 찾을 수는 없다. 그보다는 451년 초기 기독교의 시대에 칼케돈 공회가 열렸던 성소로 잘 알려져 있다. 그 공회가 열렸던 장소는 지금의 알트욜 교차로에 있는 (거의 폐허가 된) 유페미아 교회로 알려져 있다. 이 교회의 기둥은 대부분 16세기 이스탄불의 슐레이마니예 모스크를 짓는 데 사용되었다고 한다. 기독교의 입장에서는 가슴 아픈 일이다. 그러나 역사는 항상 이긴 자의 편에 있다는 사실을 상기해보면, 빼앗긴 기둥에 어떤 도덕적 죄과를 부과하기는 힘들 것이다. 칼케돈 공회는 단성론자들인 아르메니아 정교회와 시리아 정교회를 로마 가톨릭으로부터 분리시키는 결과를 낳았다.

그리스 로마에서 비잔틴으로 다시 이슬람으로 : 숨가쁜 문명여행

문명 공존의 살아 있는 학습장 : 성 소피아 성당

이스탄불을 상징하는 사진으로 가장 많이 사용되는 것이 성 소피아 성당이다. 비잔틴 제국의 전성기인 537년에 유스티니아누스 대제에 의해 완성된 그리스 정교의 총본산이다. 로마 가톨릭을 대신하여 서구 정신의 요람으로 자리잡았다. 중앙에 둥근 돔을 만들고 그 주위에 작은 돔을 올려 무게를 분산시켰다. 이 기술은 신자들을 중앙으로 집중시키는 놀라운 효과를 발휘했다. 비잔틴 시대 건축물의 압권으로 꼽힌다.

육중한 철문을 열고 안으로 들어서면 황제의 문이 기다리

성 소피아 성당.

고 있다. 문 위쪽 벽면에는 빛을 받아 더욱 성스러운 레오 6세의 황금 모자이크가 오는 이를 반긴다. 1933년 소피아가 아직 모스크로 사용되고 있을 때 발견되어 복원한 것이라 한다. 가운데에는 인간적인 위엄을 갖춘 그리스풍 예수가 앉아 있다. 왼손에는 그리스어로 "그대에게 평화가 함께할지니, 나는 온 세상의 빛이로다"라는 구절이 새겨진 성서를 들고 있다. 오른쪽 아래에는 레오 6세(886~912)가 무릎을 꿇고 예수의 축복을 받는 모습이 모자이크로 묘사되어 있다.

성당 본체의 내부로 들어서면 놀라움을 금치 못한다. 그야말로 대규모 운동장이 건물 안에 들어 있다. 중앙의 돔은 높이 솟아 커다란 공간을 만들며 신자들을 압도하듯 웅장한 자태를 뽐낸다. 홀은 거의 정사각형에 가깝다. 한 바퀴 휙 훑어보는 데만 한참을 돌고 돌아야 한다. 동서 길이가 77m, 남북 길이가 71.7m, 까마득히 보이는 돔 천장까지의 높이는 자그마치 54m에 돔의 지름만 32.96m라 한다. 20층 가까운 빌딩의 높이다. 그것도 1,500년 전에 완공한 건축 기술과 예술적 조화라니.

그런데 본당을 받치고 있는 대리석 기둥들의 모양과 색깔이 모두 다르다. 비잔틴 제국 전역에서 최고로 좋은 재료만 골라 사용했다. 카파도키아의 아이보리색, 프리기아의 분홍색, 테시리아의 녹색, 리비아의 황금색, 프로크네소스의 하얀색 대리석이 골고루 사용되었다. 고대 그리스 로마 신전에서 뽑아온 기둥들도 보인다.

무엇보다 본당 내부에서 눈을 뗄 수 없게 만드는 것은 벽면의 장식과 성화로 가득한 모자이크 벽화다. 정면 난간에 '알라'와 '무함마드'라고 쓴 대형 금박 목판이 눈에 들어온다. 오른 켠에는 금요예배 때 이슬람의 이맘이 설교를 하던 민바르와 메카 방향을 표시하는 미흐랍의 둥근 장식도 선명하게 남아 있다. 고개를 조금만 더 올리면 불빛을 받아 찬연하게 빛나는 성모와 아기예수의 황금 모자이크가 나를 내려다보고 있다. 황금을 배경으로 짙푸른 옷을 걸치고 인자하게 앉아 있는 성모의 손길은 무릎을 드러낸 아기 예수의 오른쪽 어깨에 놓여 있다. 한때 성화와 성물을 우상으로 보는 격렬한 논쟁을 거친 후에 867년 그리스 정교회에서 처음으로 시도된 인물 성화라 한다. 경건한 분위기는 모든 방문객들로 하여금 절로 고개를 숙이게 한다. 돔과 본체를 잇는 난간에는 가브리엘과 천사들이 날갯짓을 하고 있다. 본당 입구의 모자이크와 출구 쪽에 또 다른 성화가 있다. 좁은 돌계단을 따라 한참을 올라가면 이층 벽면에도 수많은 성화 모자이크들이 가득가득 새겨져 있다. 1931년 이후 미국 고고학팀이 회칠을 벗겨내고 새로 발굴하여 복원한 황금빛 벽면 모자이크 성화들이다.

500년 가까이 모스크로 사용되었다고는 도저히 믿기지 않는 풍경들이다. 우상숭배를 철저히 금하는 이슬람에서 그들이 그토록 경멸하던 인물 성화를 어떻게 파괴하지 않았단 말인가? 성 소피아를 처음 정복한 메흐메트 2세는 이곳을 모스크로 바꾸면서도 기독교 성화를 건드리지 않고 하얀 천으로 덮어놓고 의례를 행했다고 한다. 11세기까지 로마의 가톨릭과 우상숭배 논쟁으로 격돌하면서 무자비한 성상 파괴 운동을 벌였던 비잔틴 제국 자신의 종교적 요람이 이슬람으로부터 보호받는 것이야말로 역사적 아이러니가 아닌가? 물론 이슬람의 정신이 최고조에 달한 슐레이만 시대에 들어 기독교 성화는 회칠로 살짝 가려졌다. 그러나 쪼아 없애지 않았기에 오늘 그 화려하고 아름다운 모습을 우리가 지켜보고 있지 않은가? 이는 제국을 경영해본 민족만이 가질 수 있는 다른 문화에 대한 아량과 포용성이 아닐까. 그래서 나는 항상 성 소피아 성당에 오면 인류의 무지를 깨닫는다. 자기 가치만 고집하고 조금만 달라도 싸우고 와해시켜야 직성이 풀리는 일신교도들의 오만함과 반문명적 발상에 경종을 울려주기 때문이다. 성 소피아는 문화의 다양성을 배우고 종교다원주의를 체득할 수 있는 인류의 학습장이다. 성 소피아 성당 자체가 문명의 공존과 협력의 산실로 길이 기억되고 보존되어야 하는 이유가 여기에 있다.

물론 지금 성 소피아의 모습이 원형대로 보존된 것은 아니다. 반란과 전쟁으로 약탈당하거나 무너지고, 화재와 지진을 겪은 후 세 번째로 완공된 것이다. 두 종교가 경계도 구분도 없이 함께한 때문일까? 성 소피아 성당 영내에는 오스만 제국의 다섯 술탄과 왕비들을 모신 16세기 이슬람식 묘당이 자리하고 있다. 성당 좌우에 솟아 있는 미나렛도 종탑이 아닌 이슬람 모스크 건축의 부속물이다.

처음 콘스탄티노플의 기독교 본산 역할을 한 것은 성 이레네 성당이었다. 이레네 성당은 성 소피아 뒤쪽 토프카프 성문의 안쪽에 자리잡고 있다. 360년 성 소피아 성당이 완공되어 봉헌될 때까지 기독교의 총본산 역할을 했다고 전해진다.

사실 두 성당은 지금은 성벽으로 갈려 있지만, 처음에는 서로 이어져 있었다.

1923년 터키에 오스만 왕정이 무너지고 공화국이 수립되었다. 이에 그리스를 중심으로 유럽 각국은 성 소피아 성당의 반환과 종교적 복원을 강력하게 요구했다. 터키 정부는 성 소피아를 인류 모두의 공동유산인 박물관으로 지정하고 그 안에서의 종교적 행위를 금지했다. 성 소피아 본당 왼편에는 구멍이 깊게 패인 검은 대리석이 서 있다. 그 구멍에 엄지손가락을 넣어 한 바퀴 돌리면 다시 이곳을 찾아온다는 속설 때문에 관광객들이 줄지어 엄지손가락을 돌리고 있다. 그만큼 성 소피아는 종교적으로 자유롭다.

붉은 빛 본당이 잿빛 돔을 이고 서 있는 성 소피아는 지금도 그리스 정교의 총본산 역할을 하고 있다. 소피아 성당을 나와 분수대를 가로질러 바닷가로 향하면 블루 모스크가 여성스런 모습으로 이방인을 반긴다.

블루 모스크에서 히포드롬까지

성 소피아 성당과 블루 모스크는 서로 천 년의 시차를 두고 마주보고 있다. 비잔틴과 오스만이라는 두 제국의 상징이기도 하다. 그런데도 두 건축물은 서로 닮아 있다. 가운데 커다란 돔에 수많은 작은 돔을 얹고 여섯 개의 화려하고 세련된 첨탑을 세웠다. 소피아를 본뜬 비잔틴 건축양식으로 출발했지만, 이슬람의 독특한 개념을 건축물에 표현함으로써, 이제는 오스만 건축의 교과서로 널리 알려지게 되었다.

1616년 술탄 아흐메트 1세가 세웠기 때문에 터키에서는 술탄 아흐메트 모스크로 불린다. 수많은 기둥이 받치는 각각의 아치 위에는 작은 돔이 둥글게 솟았고, 4단을 이루며 돔 숫자는 점점 적어지다가 마지막 거대한 중앙 돔에 이른다. 돔 주변에는 수많은 창을 내어 자연의 빛이 내부로 비치게 했다. 돔 위에는 황금색 장식을 달았고 맨 꼭대기에는 이슬람을 상징하는 별과 초승달을 얹었다.

모스크 뜰에는 물이 흐르는 정자가 있다. 예배를 드리기 전에 손발을 씻는 세정의식을 위한 곳이다. 지금은 밀려드는 신자들을 위해 정원 바깥에 따로 대규모 세정시설을 마련해놓아 누구든지 이용할 수 있게 했다. 모스크 실내는 출입이 통제된다. 매일 다섯 차례 실제로 예배의식이 이루어지는데, 이방인들에 의해 예배가 방해받을 수 있기 때문이다. 예배 중간중간 쪽문을 통해 실내를 구경할 수 있다. 거대한 대리석 기둥이 받치고 있는 돔 아래로 화려한 아라베스크 장식이 천장과 벽면을 수놓고 있다. 우리나라에서는 당초문으로 알려져 있는데, 꽃과 나뭇잎 문자만을 기하학적으로 표현한

여섯 개의 첨탑을 가진 술탄 아흐메트 모스크.

독특한 이슬람 예술이다. 벽면 중간부터는 청색 타일을 붙였다. 우아하고 산뜻한 꽃과 식물 디자인, 코란서체의 신비로운 조화가 예배 공간을 경건한 분위기로 만들어준다. 인물과 동물의 형상을 금지한 이슬람 사회에서 초상화와 회화, 조각이 둔화된 반면 건축과 서체예술, 아라베스크 디자인이 특히 발전된 것은 문화분출이론에서 보면 당연한 결과였을 것이다.

  금요일 오후 1시경. 이스탄불 시민들은 술탄 아흐메트로 몰려든다. 주일 합동예배를 보기 위해서이다. 모스크 내부를 채우고 뜰을 가득 메운다. 늦게 도착한 신자들은 도로 위에 깔개를 깔고 자리를 잡는다. 수만 명이 일렬로 앉아 설교를 들고 예배 시작을 알리는 아잔소리에 맞춰 또 일렬로 일어나 메카 방향을 향해 기도를 올린다. 인구 천만이 넘는 국제 도시 이스탄불의 또 다른 매력이다.

신자들이 길거리를 메우고 열심히 예배를 드리고 있는 시각, 술탄 아흐메트 주변 카페에서는 가벼운 음악이 흘러나온다. 맥주를 마시며 담소하는 시민들도 눈에 띈다. 처음에는 관광객인 줄 알았다. 그런데 터키말을 하는 터키 사람들이다. 인구의 98%가 이슬람교를 믿고 있지만, 이처럼 자유분방하다. 예배를 드리는 군중들을 향해 시대착오적인 광신이라고 비아냥거리는 사람에게도, 또 예배 시각에 술 마시는 시민들에게도 경멸하는 눈빛조차 보내지 않는다. 얼굴까지 차도르로 가린 종교적인 여성과 배꼽티를 걸친 신세대 여성들이 함께 길을 걸어다녀도 조금도 이질적이거나 불편하지 않다. 오히려 다른 것의 조화가 더욱 자연스럽다. 이스탄불은 이런 곳이다. 자기와 다른 생각, 다른 모습을 있는 그대로 받아들이고 인정할 줄 아는 문화가 저변에 깔려 흐르고 있음을 느낄 수 있다. 500년 제국을 경영한 품격이라는 데 생각이 미치면 갑자기 부러움이 치솟는다.

주마라 불리는 금요예배가 끝나고 모스크 밖으로 나오면 거지들의 행렬이 줄을 잇는다. 어린아이를 한 손에 받쳐 들고 다른 한 손을 내미는 남루한 아낙네, 맹인과 걸인, 지체부 자유자, 오갈 데 없는 노인들과 여행객들까지 모두가 줄을 서서 자선을 기다린다. 알라의 축복을 받고 더 많은 선을 행하겠다고 다짐하고 나오는 신자들은 그 행렬을 그냥 지나치지 않는다. 이웃의 가난한 자를 보살피는 일이야말로 가장 중요한 무슬림들의 덕목이기 때문이다. '공동체에 한 톨의 양식이라도 남아 있는 한 굶주리는 자가 있어서는 안 된다'는 이슬람의 가르침을 그들이 몸소 실천하고 있다. 구걸하는 사람들의 눈빛에서도 비굴함은 없다. 오히려 당당하게 도움을 청한다. 공동체의 일원으로 살아가는 한 최소한의 보살핌을 받아야 할 권리를 당연하게 여기는 것일까. 아니면 언젠가는 그들도 받은 것을 다시 몇 배로 되돌려주리라는 각오가 있기 때문일까.

모스크 서쪽의 작은 문을 나서면, 커다란 광장이 나타난다. 동로마 시대의 마차경기장이었던 히포드롬이다. 이곳은 완전히 비잔틴의 고대 분위기 일색이다. 우선 오벨리스크가 높이 솟아 있고, 청동 뱀 기둥과 유스티니아누스 기념탑이 열을 지어 광장에 놓여 있다. 오벨리스크는 데오도시우스 황제의 위업을 기리기 위해 멀리 이집트의 가르나크 신전에서 가져온 것이다. 데오도시우스 황제를 기념하는 석판 위에 세워놓은 높이 26m의 이 기념비는 가장 먼저 고향을 떠난 오벨리스크 중의 하나다. 이외에도 프랑스 콩코드 광장이나 런

던의 하이드 파크 등 이집트의 오벨리스크는 여러 곳으로 실려나갔다. 청동 뱀 기둥도 원래 기원전 479년 페르시아를 격퇴한 전승 기념으로 그리스 델피의 아폴론 신전에 있던 것을 콘스탄틴 1세가 옮겨다놓은 것이다.

광장의 서쪽 끝에는 오벨리스크를 배경으로 이슬람 문명 박물관이 큰 나무 숲에 가리어 있다. 16세기 오스만 제국 전성기 슐레이만 대제의 재상을 지낸 이브라힘 파샤의 궁전이다. 그는 술탄의 절대적 신임을 받아 수많은 정복전쟁을 성공적으로 이끌었고, 뛰어난 행정가로 이름을 날렸다. 그러나 후에 갖가지 부정과 부패를 저질러 처참하게 살해당했고, 그의 모든 재산은 왕실에 귀속되었다. 1990년대 이후 이 궁전은 박물관으로 개조되어 셀주크 터키와 오스만 제국 시대의 유물과 문서들을 전시하고 있다.

히포드롬이 전차길을 만나는 곳에도 오스만 시대의 전형적인 작은 이슬람 사원이 길목을 지키고 서 있다. 주변에 널린 이슬람의 유적지와 이스탄불 시민들 사이로 비잔틴 유적지와 유럽인 방문객들이 섞여 있다. 트람바이(전차)가 달리는 길을 따라 성 소피아 성당을 건너면 좁은 입구에 '예레바탄 사라이'라는 팻말이 보인다. 6세기 성 소피아 성당과 비슷한 시기에 완공된 지하 저수 궁전이다. 계단을 따라 지하로 들어서면 컴컴한 공간 한쪽에서 시원한 바람이 불어오고 흐린

불빛에 비친 물결이 음산한 느낌을 준다. 발렌스 수도교를 통해 가져온 물을 여기에 가두었다가 궁전의 식수로 사용했다 한다. 336개의 기둥이 받치고 있는 지하 궁전은 다른 곳에서는 좀처럼 보기 힘든 귀한 문화유산이다. 그런데 자세히 보면 같은 기둥이 거의 없다. 그리스 신전 기둥에서부터 제국 각지에서 가져온 각양각색의 기둥들까지 저마다 독특한 디자인과 색깔을 머금고 방문객을 반긴다. 그 중에는 얼굴을 옆으로 누인 메두사의 두상을 받치고 서 있는 기둥도 있다. 궁전 바닥에는 아직도 물이 고여 있다. 고대의 신화가 담긴 기둥과 물 사이로 무언가 숨은 사연이 뛰쳐나올 것 같다. 007 영화를 이곳에서 촬영한 이유를 알겠다. 내가 처음 유학 왔을 때만 해도 젊은 남녀가 이곳에 배를 띄우고 데이트를 했는데, 지금은 나무다리로 연결해 구석구석 걸어서 다닐 수 있게 해놓았다.

예레바탄을 나와 전차길을 따라 다시 히포드롬 광장으로 향하면 오른쪽에 '술탄 아흐메트 쾨프테지'라는 간판이 보인다. 오랜 역사를 자랑하는 길거리 양고기 식당이다. 양고기에 양파와 갖은 소스를 넣고 잘 다져 화덕에서 구워내는 것이 쾨프테다. 양고기에 익숙하지 않은 사람도 이 집의 쾨프테는 모두 좋아한다. 좀더 다양한 음식을 즐기려는 사람들은 그 옆의 '비타민 식당'으로 가면 된다. 유리 진열장 속에 들어 있는 김이 나는 음식물을 눈으로 보면서 그 자리에서 고를 수 있기 때문이다. 전차길 오르막에서 히포드롬은 끝이 난다. 이제부터는 5분 거리에 이스탄불 대학이 있는 베야지트이다.

히포드롬 광장 주변에는 짙은 역사의 향기가 자욱하다. 무언가 표현할 수 없는 독특한 문화의 향이다. 그리스의 고전적 슬픔, 동로마 비잔틴의 어정쩡한 순박함, 오스만 제국의 남루한 당당함이 서로 마주하거나 비스듬히 기대어 있다. 시대가 달랐고, 살아왔던 사람들도 달랐지만, 세계 각지에서 몰려온 사람들이 유난히 편안함을 느끼는 것은 자신의 모습이 어딘가에 배어 있기 때문일 것이다. 이스탄불을 다녀왔던 사람들은 이 도시가 사람을 끌어들이는 마력이 있다는 말을 종종한다. 이해하지 못할 신비로움이라기보다는 서로 다른 것들이 엇박자의 자연으로 섞여 있기 때문은 아닐까?

역사의 무게로 깐 길 : 슐레이마니예 모스크에서
베야지트 광장으로

슐레이마니예 가는 길

골든 혼에서 갈라타 다리를 통해 이스탄불을 바라보면 일곱 개의 언덕이 뚜렷이 보인다. 이스탄불 구도시는 일곱 개의 언덕을 중심으로 펼쳐져 있다. 도심의 가운데 언덕 위에 우뚝 솟은 첨탑을 가진 모스크가 슐레이마니예다. 오스만 제국 시대의 이스탄불 정서가 가장 잘 남아 있는 곳이다. 슐레이마니예 언덕을 오르는 길은 수십 갈래가 있다. 이스탄불 대학이 있는 베야지트 광장 왼쪽 뒤를 돌아 골목길을 5분만 걸어가면 광장이 나오고 장대한 모스크가 반겨준다. 관광객들이 많이 찾는 이 코스는 중세 이스탄불 도시구조를 잘 살펴볼 수 있는 역사적 유적지들이 즐비하다. 두 번째 코스는 베야지트 광장을 오른쪽으로 돌아 시장통을 가로질러 모스크로 향하는 길이다. 철물점과 가구점, 그릇가게와 의류가게를 중심으로 필요한 모든 생활용품을 살 수 있는 시장이 있다. 모스크로 다가갈수록 대장장이의 망치소리와 철물 만드는 소리가 주위의 아우성과 어우러진다. 삶의 역동성이 살아 있는 곳이다.

나는 파티의 로마 시대 수도교 밑을 따라 모스크로 오르는 길을 좋아한다. 수도교는 초기 비잔틴 시대인 378년 발렌스 황제 때 완공되었다고 한다. 멀리 외곽에서 물을 퍼올려 이 수로를 따라 지하 저수 궁전에 물을 모았다가 콘스탄티노플 시민들의 식수로 사용했다고 한다. 이 층으로 된 수로의 좁은 아치 사이로 자동차가 물밀듯이 지나다닌다. 아타투르크 다리를 사이에 두고 이스탄불의 신시가지와 구도시를 연결하는 주요 통로다.

수도교 옆 파티 소극장을 오른쪽으로 끼고 완만하게 오르는 이 길은 우선 사람들이 많지 않아 좋다. 낡은 목조가옥의 삐죽 나온 이 층 베란다에 하나같이 활짝 핀 꽃 화분을 얹어놓은 모습이 너무나 정겹다. 골목마다 맞은편 이웃집에 줄을 매달아 널어놓은 빨래가 하얀 비둘기처럼 흩날린다. 내가 지나가면 창밖으로 고개를 내밀고 있는 할머니가 불러세운다. 그리고는 끈에 매단 바구니를 내린다. 저 앞 모퉁이 가게에 가서 물건을 사다달랜다. 창가에서 불러주는 주문도 많다. 치즈 두 조각, 물 한 병, 빵 두 개, 빨래비누 한 개. 바구니에 담긴 돈을 들고 가게로 가서 부탁한 물건을 사서 다시 바구니에 담아준다. 돈이 부족하다. 물건을 올려주고 내려온 바구니에는 모자란 돈이 들어 있다. 다시 가게로 가서 나머지 돈을 지불하고 잔돈을 받아서 기다리고 있는 할머니의 바구니에 담아준다. 그런데 바구니 속에 맛있는 초콜릿 두 개가 담겨 있다. 나의 심부름에 대한 고마움의 표시다. 할머니는 "사올(고마워)"이라는 한마디를 내뱉고 살짝 웃음을 보내준다. 아! 나는 이 골목에만 오면 언제나 행복하다.

한참을 빠른 걸음으로 오르면 숨이 가빠지고, 왼편 가게 앞 의자에 풀썩 주저앉는다. 1890년에 문을 연 포도주스 가게다. '위쥠수'라 불리는 이 음료는 포도를 달게 절여 만든 시원한 주스로, 오스만 제국 시대부터 내려오는 무공해 대중음료다. 술을 철저히 금하는 사회에서 고안된 독특한 음료인 셈이다. 지금은 다국적 탄산음료에 그 자리를 뺏겼지만, 아직도 전통적인 방식으로 100년 넘게 그 맥을 이어오는 위쥠수 맛을 나는 사랑한다. 내가 몇 잔을 마셔도 주인은 항상 한 잔값만 받는다. 한 잔은 외국인인 나에게 건네는 손님 접대용이고, 또 한 잔은 자주 찾는 단골에 대한 배려이다.

슐레이마니예 모스크 : 알라가 빚은 신앙예술

슐레이마니예 모스크는 오스만 시대 최고의 건축 장인 미마르 시난의 1557년도 작품이다. 이스탄불 시내가 모두 내려다보이는 언덕 위에 있어서 멀리 골든 혼과 마르마라 해, 보스포러스 해협이 한꺼번에 시야에 들어온다.

모스크 안에서는 예배를 드리고 나직하게 코란을 읽는 사람들을 언제나 만날 수 있다. 바깥의 분주함과 왁자지껄한 소음이 일시에 사라지며 새로운 세상에 온 것만 같다. 모스크 문을 열고 들어서는 순간 속세를 반성하고 내세로 향하

슐레이마니예 모스크 언덕에서 바라본 이스탄불 골든 혼.

는 마음을 가지런히 한다. 이슬람 건축의 기본적인 철학이다. 수많은 창문으로 새어들어오는 빛을 따라 하루를 정리하는 시간, 신과 함께할 수 있다는 믿음이 가져다주는 평안함과 무너져내리는 부드러움이 가득하다. 천재 건축가 시난은 모스크에 인간의 이런 심성을 심어놓았다.

모스크 뒤뜰에는 커다란 묘지가 조성되어 있다. 수많은 비석과 비문들이 저마다의 사연을 안고 방문객에게 손짓을 한다. 묘역의 중심에 있는 팔각형 묘당이 오스만 제국의 가장 위대한 술탄이었던, 바로 이 모스크의 주인인 슐레이만 대제가 묻혀 있는 곳이다. 물론 이 모스크를 지은 시난의 무덤도 이곳에 있다. 중세 이슬람 도시에서 모스크는 항상 공동체의 중심이었다. 신은 인간의 삶을 초월해 멀리 또 높이 있는 것

슐레이마니예 모스크.

이 아니라, 삶의 한가운데로 깊숙이 들어와 자리잡고 있었던 것이다. 그래서 슐레이마니예는 이스탄불의 중심에 서 있다. 모든 길이 방사선으로 모스크로 향하고 있는 것도 이런 맥락에서 보면 우연이 아니다. 모스크를 중심으로 삶의 공간은 이어지고 넓혀진다. 학교와 도서관이 있고, 목욕탕과 병원이 자리한다. 그리고는 모스크 주변으로 큰 시장이 형성된다. 이처럼 신은 인간과 함께 살고 인간의 일상을 지켜보고 계시다는 이슬람 정신이 도시구조에 반영되어 있다.

모스크 정문 바로 맞은편에 작은 돔 지붕을 가진 슐레이마니예 고서 도서관이 있다. 입구가 어딘지 알 수 없을 정도로 좁은 통로 중간으로 들어서면 철문이 나타난다. 옛 분위기가 압도하는 녹슨 철문을 열고 들어가면 어두운 불빛 아래 연구자들이 자신의 일에 몰두하고 있다. 컴퓨터하고는 거리가 멀다. 이곳에는 오스만 제국 600년의 귀중한 사료와 이슬람 세계에서 수집한 진귀본이 소장되어 있다. 아랍어, 페르시아어, 터키 고어인 오스만어로 된 진귀한 필사본을 읽고 있는 그들을 보고 있노라면 인류의 역사는 그들에 의해 기록되고 이어져서 발전되는구나 하는 안도감을 느끼게 된다. 그들이 허락해준다면 따뜻한 차 한잔이라도 대접하고 싶은 마음이 일어난다. 한때 내가 5년간 신라 관련 사료들을 뒤적이던 곳이기도 하다. 모서리가 벗겨져나간 책상이 그때 그 모습 그대로 옛 주인을 알아보는 듯하다. 이곳에는 중세 아랍 세계 최고의 역사학자 알 이드리스가 저술한 『극지를 횡단한 모험가의 산책』이란 책도 소장되어 있다. 이 책은 신라에 관한 흥미로운 내용뿐만 아니라 1154년에 제작된 세계 지도를 수록하고 있는데, 놀랍게도 신라를 다섯 개의 섬으로 묘사하고 있다. 알 이드리스의 저술은 신라 시대부터 이슬람계 상인들이 중국을 통해 한반도로 진출했음을 강력하게 시사해준다. 긴 역사와 지식의 깊이를 전해주듯이 도서관 열람실에는 특유의 낡은 종이 냄새가 자욱하다. 고서를 해독하고 있는 나이 든 연구자들의 모습을 보면 누구나 학문하는 자세를 흠모하게 된다.

도서관을 나오면 병원이 보이고, 주변에 하맘이라 불리는 터키탕도 눈에 띈다. 하맘의 뜨거운 물은 그냥 흘려보내는 것이 아니다. 겨울에는 파이프라인을 연결해 모스크 바닥을 지나가게 하고, 모스크 부속학교와 숙소까지 연결하여 실내를 따뜻하게 해준다. 현대인이 고개를 숙여야 할 놀라운 자원활용과 난방의 지혜다.

슐레이마니예 모스크의 실내는 무척 장엄하지만, 블루 모스크만큼 화려하지는 않다. 실내는 가로 59m 세로 58m의 홀이고 지름이 47m나 되는 거대한 돔을 올렸다. 5천 명 정도가 실내에서 예배를 볼 수 있다. 여기다 바깥 정원까지 합

치면 매주 금요일 합동예배 때는 수만 명이 동시에 예배를 올릴 수 있는 어마어마한 규모이다. 모스크 실내 중앙에는 뻥 뚫린 높은 공간이 있는데, 바로 돔이다. 모스크의 모든 먼지는 위로 올라가 실내 돔 꼭대기의 작은 홈에 고인다. 돔 구멍을 막고 있는 새까만 먼지는 일 년에 한두 번씩 털어내어 잉크나 먹의 재료로 쓴다.

이스탄불 대학교와 베야지트 광장

이스탄불 대학교 정문은 독특한 건축양식으로 지나가는 사람들의 눈길을 끈다. 파리의 개선문이나 고대 로마의 성문을 닮은 웅장한 대학 정문 위에는 라틴어와 아라비아 숫자로 각각 1453년이라는 설립연도가 새겨져 있다. 1453년은 바로 콘스탄틴 대제가 330년에 그곳을 콘스탄티노플로 명명한 이래 1,113년간의 동로마 제국 수도에서 오스만 대제국의 수도 이스탄불로 운명이 바뀌는 해였다. 그러나 근대적 의미에서의 이스탄불 대학이 처음부터 오늘날의 캠퍼스에 자리한 것은 아니었다. 오스만 제국이 신학에 치중한 종래의 교육제도를 과감히 탈피하고, 유럽의 앞선 신학문 보급을 위해 다룰 퓌눈(Darul-Funun)이란 이름의 대학을 발족시킨 것은 1846년 7월 21일이었다. 그리고 캠퍼스도 골든 혼, 마르마라 해협, 보스포러스 해협의 삼면의 바다가 만나는 성 소피아 사원의 언덕에 자리잡았다. 그 뒤 다룰 퓌눈은 이스탄불 대학으로 발전하였고, 1900년 8월, 근대적 교육개혁을 통해 종래의 율법적이고 신학적인 학문의 틀을 깨고 서구식 교육제도를 채택했다. 이로써 이슬람 세계의 최초이자 진정한 의미의 현대식 대학으로 변모되었다.

현재 터키에는 7천만 인구에 35개 정도의 종합대학이 있다. 대부분이 국립대학이고 최근 코치 대학, 빌켄트 대학 등 영어로 강의하는 사립대학들이 줄지어 문을 열고 있다. 대학생들에게는 버스, 기차, 항공기 이용시 50%의 할인 혜택이 주어진다. 박물관이나 유적지의 입장료는 10% 정도만 내면 된다. 이스탄불 대학은 터키 최대, 최고의 대학으로 각지에 분산된 열 개 단과대학에 약 4만 명의 학생이 공부하는 명실 공히 터키 지성의 총본산이다. 오스만 제국 말기 이래, 역대 재상들과 고위 관리들은 모두 이 대학을 거쳐야 했고, 지금도 정부 고위 관료와 사회 지도층 인사들은 대부분 이 대학 출신들이다.

내가 몸담았던 문과대 역사학부는 30여 명의 교수에 3백여 명의 학생들이 공부하고 있다. 시대와 분야별로 아홉 개 학과로 세분되어 있고, 철저한 지도교수 체제 하에서 고전 섭렵에 치중하고 있다. 현대 터키어는 말할 필요도 없고, 아랍문자로 된 터키 고어인 오스만어가 공통필수이다. 이 밖에 분야별로 아랍어, 페르시아어, 돌궐어, 위구르어 같은 역사언어 해독이 요구된다.

넓은 연구실에서 장서가 발하는 무거운 향내에 묻혀 연구에 전념하는 교수들의 학문 태도는 하루 이틀에 확립된 것이 아니다. 터키 교수들의 생활은 무척 검소하고 빈한하다. 대부분 시내버스를 이용하며 몇 벌 안 되는 낡은 양복에 캐주얼화를 신은 채 일 년 내내 연구실에서 진리 탐구에의 예지를 번뜩인다.

문과대학 출입구의 대리석 돌계단은 가운데가 움푹 들어가 있다. 수백 년간 수많은 학생과 교수들의 발자취를 생생히 이어주는 산 증거이다. 이 대학에 입학해서 교수가 되기 위해서는 그 대리석 돌계단을 일만 번 밟아야 한다고 한다. 15년 이상이 걸리는 장구한 학문에의 집념을 상징적으로 표현해준다.

이스탄불 대학 역사학부 교수들이 연구를 주도하는 오스만 공문서국에는 16~20세기에 걸쳐 약 백만 권 이상의 각종 사료들이 보존되어 있다. 이스탄불 대학 역사학부 및 서지학과 출신 전문요원 수백 명이 현재 이곳에 근무하고 있는데, 분류와 색인 작업에만 앞으로 1세기가 걸린다고 하니, 자료의 방대함과 무궁무진한 연구 분야의 폭을 짐작할 수 있다.

특히 조선 말기의 한국 관련 자료가 다소 포함되어 있어 우리의 연구 관심을 끌고 있기도 하다.

지금의 이스탄불 대학 본관 건물은 처음에 초기 오스만 왕궁이었다. 그러다가 토프카프로 왕궁을 옮긴 뒤에는 한때 군 사령부 건물로 사용되기도 했다. 캠퍼스 안에는 이스탄불 구시가 언덕 위에서 가장 높은 소방탑이 서 있다. 소방탑의 역할이 거의 사라진 요즘에는 꼭대기에 각각 다른 색깔의 불을 밝혀 날씨를 예보해주는 기능을 한다. 녹색 빛은 비, 청색 빛은 맑음, 붉은 빛은 눈이 올 것이라는 예보이다. 문을 메인 캠퍼스에는 대학 행정본부와 법대 건물이 자리하고 있다. 그 외 각 단과대학은 주변에 흩어져 있어서 베야지트 일대는 거대한 대학촌을 형성하고 있다. 대학 후문 쪽으로 중앙도서관이 있고, 왼쪽에 문과대학, 한 블록 지나 이과대학이 있다.

베야지트 광장의 모스크 뜰에는 고목들이 늘어뜨린 그림자 사이에 '차이하네'라 불리는 야외카페가 있다. 잘록하고 자그만 유리잔에 각설탕 두 조각을 넣은 붉은색 터키차는 보는 것으로도 이미 기분이 좋다. 한 잔에 우리 돈 5백 원 정도이다. 대학생과 교수, 지나가는 시민들과 관광객들은 차 두서너 잔을 마시며 제각기 끝도 없는 대화를 이어간다. 러시아어와 아랍어 악센트가 들려오고, 최근 들어 언어사용이 자유화된 터키 내 소수민족 쿠르드어 방언도 심심찮게 등장

한다. 유럽의 카페 문화가 터키 커피를 매개로 오스만의 토론 문화에서 영향을 받았음을 여기서도 확인할 수 있다.

카페를 둘러싸고 있는 모스크 바깥 뜰 돌담에는 동전과 서화 등 골동품 상인들과 세계 각국에서 들여온 수많은 소품들이 어지럽게 널려 있다. 턱수염을 길러 가슴까지 덮고 있는 동전가게 주인 하산이 이 광장의 상징이다. 광장에는 느티나무가 있다. 그런데 여름철 시원한 그늘을 만들어주던 느티나무의 굵은 가지는 최근에 잘려나갔다. 그 나뭇가지에서 교수형을 집행하던 아픔을 잊으려 했을까? 슬픈 역사도 기억되어야 할 인류 삶의 한 부분이거늘 잘려나간 가지가 왠지 아쉽고 안타깝다.

복잡한 카페의 어수선함과 나무그늘에 가려 자칫 놓치기 쉽지만, 카페 오른쪽 정면에는 검게 바랜 낡은 대리석 건물이 보인다. 국립 베야지트 도서관이다. 유심히 보면 카페에 앉아 담소를 나누다가 도서관의 좁은 입구로 향하는 연구자들을 볼 수 있다. 고서는 물론 20세기 초엽 터키 근대화 과정과 관련된 신문, 잡지들이 비치되어 있다. 유학 시절, 1909년 오스만 제국 사절의 조선 방문 기록과 1910년 한일 합방 소식을 전하는 신문을 발견하고 탄성을 지르던 감동이 아련하게 되살아나는 곳이다.

도서관을 왼쪽으로 하고 베야지트 광장 카페를 지나 사람

하나가 지나갈 만한 좁은 문으로 들어서면 책방 광장이다. 스무 개 점포도 채 안 되는 자그만 책방 광장이지만, 학생들과 관광객이 뒤엉켜 진지하게 지식을 탐구하는 정경이 인상적이다. 대학교재는 물론 이슬람 종교용품과 관광안내책자 그리고 19~20세기 초의 고서들이 먼지를 뒤집어쓰고 서고 창고나 다락방에 숨어 있다. 이 책방이 끝나는 곳에서 다시 좁은 문을 나서면 그랜드 바자르가 시작된다.

실크로드의 그랜드 바자르 : 카팔르 차르시

　　실크로드의 종착지인 그랜드 바자르로 들어서기가 무섭게 사람들은 쇼핑의 세계로 빠져든다. 인간이 세상에 만들어 놓은 모든 제품이 이 안에 숨어 있다. 자그마치 5천 개가 넘는 점포가 스무 개의 문을 가진 성 안에 갇혀 있다. 그래서 현지에서는 갇힌 시장이란 의미인 '카팔르 차르시'로 불린다. 위에서 내려다보면 수많은 작은 돔이 볼록볼록 위로 솟아 있는 거대한 사각형 벽돌 건물이다. 이곳은 들어가기는 쉽지만 원하는 곳으로 나오기는 어렵다. 수많은 골목과 가게를 안고 있는 좁은 미로 사이를 헤매다보면 방향감각이 무뎌져 낭패

그랜드 바자르 내부.

를 당하기 쉽다.

8~9세기에 전성기를 구가하던 콘스탄티노플은 세상에 열려 있는 대도시였다. 압바스 제국의 수도인 바그다드, 당나라의 장안과 함께 세계 3대 도시의 하나였다. 당시 실크로드를 통해 동로마 문화가 아시아로 물밀듯이 밀려들었다. 통일신라의 수도 경주에도 사치품과 희귀품이 범람했을 정도였다. 콘스탄티노플 상층부에서 유행하던 패션과 장신구들이 6개월 후면 신라의 귀족 사회에 소개되었다. 그때의 실크로드 교역을 이은 것이 이스탄불의 그랜드 바자르이다. 물론 지금의 장소는 이스탄불 정복 이후에 형성되었으니 고작 500년 남짓한 역사를 갖고 있지만, 그 의미는 남다르다.

목조건물을 고집하던 초기 터키인들은 번번이 화재로 귀한 삶의 터전을 잃어야 했고, 석조건물로 바꾼 후에도 열두 차례나 이어진 지진으로 커다란 피해를 입었다. 그 속에는 전세계의 온갖 상품들이 전시되고 판매된다. 65개의 거리 중에 1번가는 베야지트 헌 책방 골목으로 들어가 누르 오스마니예 모스크로 나오는 직선거리다. 좌우에 보석상들이 즐비하여 일명 보석가로 불린다. 정교한 세공을 자랑하는 순도 높은 금제품과 터키석, 러시아에서 건너온 주먹만 한 호박, 걸프 해의 진주와 산호, 이란의 에메랄드, 아프리카의 상아, 이스라엘의 다이아몬드 등이 화려한 불빛을 받아 여인들을 유혹하고 있다. 그런데 터키에는 터키석이 없다. 원래는 중앙아시아 사마르칸드 지방에서 생산되었는데, 지금은 대부분 이집트에서 건너온다고 한다. 아마 오스만 제국 시절부터 터키에서 주로 수집되고 유통, 판매되었기 때문에 유럽인들이 터키석으로 불렀나 보다. 특히 한국인 관광객들이 터키석을 자주 찾기 때문에 가게마다 한국어를 아는 점원을 고용하고 우리말 안내문을 붙여놓았다. 1990년대 중반 이후 생긴 신풍속도이다.

1번가로 가다가 옆으로 빠지면 거리마다 독특한 상품들이 기다린다. 주로 동판에 은을 입히고 수공으로 조각한 제품이나 대리석, 크리스털 조각, 고전풍으로 만든 은 장신구, 낙타

뼈로 만든 보석함, 세밀화, 세계 최고의 아름다움을 자랑하는 터키의 헤레케 실크카펫, 전통 인형, 코가 솟은 예식용 신발 등 터키가 자랑하는 공예 솜씨와 예술성이 듬뿍 묻어 있는 제품들이다. 또 한쪽에서는 아예 주물공장을 두고 구리로 차 주전자와 커피포트를 두드려 만들기도 한다. 골동품 거리에는 고대 오리엔트에서부터 그리스 로마, 이슬람 시대의 동전과 교회용품, 문화재로서 가치가 높은 유물들을 팔고 있다. 가끔은 금고에서 금지된 품목까지 살짝 보여주면서 값을 흥정하기도 한다. 진짜도 있지만, 품질이 떨어지는 것도 있다. 잘 모르면 은도금이 은으로 보이고, 기계로 짠 것과 수직(手織) 카펫이 혼동된다. 진짜 가죽인지 인공 가죽인지 여간해서 구분이 되지 않을 정도로 고급화되었다. 그래도 흥정을 통해 만족하면 그만이다. 쇼핑이야말로 빼놓을 수 없는 여행의 즐거움이 아닌가?

이곳 사람들은 친절하고 매우 적극적이다. 서로 눈인사를 나누면 먼저 차부터 권한다. 영어와 독일어는 기본이고, 러시아어와 일본어도 능숙하게 구사하는 점원들을 많이 볼 수 있다. 적어도 바자르 안에서 통용되지 못하는 언어는 없을 것이다. 그러나 이런 친절함에 넋을 잃고 말려들면 비싼 값을 치러야 한다. 적어도 천 년 이상 실크로드를 주름잡던 장사의 귀재들이 아닌가? 매겨진 가격표나 부르는 값에서 기본적으로 반을 깎고, 흥정을 잘 하면 거의 10분의 1 가격에도 살 수 있다. 물론 그러기 위해서는 여유 있는 시간과 마음의 준비가 필요하다. 차를 몇 잔씩 마셔가면서 물건 값을 깎다가 포기하고 밖으로 나서면 그때 가격이 또 내려간다. 살 의향이 있으면 그 가격에서 마지막으로 절충해서 정한다. 터키 리라 대신 달러를 내면 조금 더 깎아준다. 흥정을 위해서 신용카드는 사절이다. 고액의 수수료와 거래 기록이 남기 때문이다.

그랜드 바자르를 나서면 또 다른 시장이 우리를 기다린다. 옷가게, 신발가게, 그릇가게, 포목점, 과일가게가 골목마다 들어서 있다. 미처 바자르 내부에 입점하지 못한 노점상들이 또 다른 상품과 와자지껄한 즐거움으로 지구촌 관광객과 이스탄불 시민들에게 손짓을 한다. 바자르 내부에 진짜 같은 가짜 제품이 있다면 바깥에서는 가짜가 분명한 조잡한 제품을 싸게 판다. 이곳에서는 훨씬 서민적이고 치열한 삶이 꿈틀거린다. 호주머니 사정을 생각하지 않고 친숙하게 다가갈 수 있다는 매력도 빼놓을 수 없다. 이곳에는 군밤도 있고, 인삼차도 있다. 다섯 켤레에 천 원 하는 양말도 있고, 제법 괜찮은 향을 내는 2천 원짜리 '샤넬 5' 향수도 있다.

그랜드 바자르의 보석가 맞은편 출구인 누르 오스마니예로 나오면 바로 왼쪽에 독특한 건축양식을 지닌 웅장한 모스크가 앞길을 막고 있다. 누르 오스마니예 모스크다. 18세기 중엽 오스만 제국의 강력한 힘이 쇠퇴하기 시작할 무렵, 유럽풍의 모스크 양식이 이스탄불에 첫선을 보인 것이다. 전통적인 비잔틴 양식의 중앙 돔과 주변의 작은 돔을 기본적으로 배치하면서도, 모스크 전체 건축에 강한 바로크 양식을 강조한 독특한 건축물이다. 이 모스크 첨탑 위에 올라가면 카팔르 차르시의 전체 규모와 둥근 지붕이 눈 아래 펼쳐진다. 물론 허락을 받아 카메라를 들이대기가 결코 쉽지는 않다.

모스크를 나오면 카펫 거리다. 최고의 품질을 자랑하는 헤레케 실크카펫을 진열장에 전시해놓고, 4-5개 국어에 능숙한 홍보요원이 외국인 관광객을 끌어모은다. 가장 대표적인 가게는 'Bazar 54'이다. 일단 안으로 들어가면 카펫 쇼가 펼

바자르 54의 카펫 향연.

쳐진다. 카펫을 공중에 던져 색의 변화와 섬세한 디자인의 차이를 연출한다. 율동적인 음악에 맞춰 하늘을 나는 크고 작은 양탄자가 차곡차곡 바닥에 깔리며 터키 카펫의 다양성과 색감, 높은 예술성을 선보인다. 하나쯤 갖고 싶은 생각도 든다. 이미 천 년 전 통일 신라 시대의 우리 조상들도 집 안에 카펫을 깔고 살았다는데.

카팔르 차르시는 이스탄불의 꽃이다. 터키가 세상을 만나는 창이기도 하다. 수백 년 전통이 첨단의 패션과 조화를 이루며, 역동적인 삶이 새로운 미래를 향해 꿈틀거리는 터키의 심장이다. 지성의 요람인 이스탄불 대학과 신심을 자아내는 대모스크 바로 옆에 와자지껄한 삶의 현장인 대시장이 번성하고 있는 것도 이스탄불만이 갖는 독특한 매력이다.

토프카프 궁전에서 서민들의 텃밭으로

500년 대제국의 풍모 : 토프카프

토프카프 궁전은 500년간 세상을 호령했던 대제국의 사령부다. 궁의 겉모습은 의외로 소박하다. 입구에 두 개의 첨탑이 솟아 있고, 코란 장식이며 격자형 발코니, 아치 출입문이 이슬람 건축의 전형을 담고 있다. 메흐메트 2세가 이스탄불을 점령한 이후 1856년 보스포러스 해변가의 돌마바흐체 궁전으로 이동해갈 때까지, 380년 동안 이 궁전은 지구촌의 정치적 중심이었다. 유럽, 아시아, 아프리카 세 대륙을 정복한 술탄과 사령관들이 전략을 짜고 전리품을 모으던 곳이기도 했다.

지금 이곳은 박물관으로 공개되었다. 당시 궁전의 역할과 기능에 따라 전시관을 만들어놓았다. 재무성 자리에는 보석관이, 주방 장소에는 도자기관이, 세탁소 자리에는 복식관이 자리하고 있다.

무엇보다 토프카프의 압권은 입을 다물지 못하게 만드는 보석 컬렉션이다. 그 중에서도 단연 돋보이는 것은 세 개의 큼직하고 아름다운 에메랄드가 박힌 단검이다. 황금 칼집에는 다이아몬드가 무수히 박혔고, 정교한 세공장식은 화려함의 극치이다. 이 단검을 탈취하는 과정을 담은 영화 「토프카프」가 제작될 정도로 박물관을 대표하는 보물이다. 이 단검은 이란의 나디르 샤가 선물한 황금옥좌에 대한 답례로 오스만 제국의 술탄 마흐무드 1세가 그에게 보낸 것이다. 그러나 당시 이란의 정세가 복잡하여 도로 가져와 터키에 남게 되었다. 방문객들이 가장 많이 몰려 있는 또 다른 곳은 86캐럿짜리 다이아몬드 진열장이다. 세계에서 다섯 번째로 크다. 게다가 그것의 주위를 49개의 작은 다이아몬드가 영롱하게 감싸고 있어서 세상에서 가장 아름다운 보석이라는 찬사를 받고 있다. 보석관에는 무게가 3kg이나 되는 것을 비롯해서 유난히 에메랄드가 많다. 초록빛의 에메랄드가 이슬람의 색상과 어우러지면서 술탄과 궁전의 사랑을 특히 많이 받은 것

같다는 생각이 스친다. 보석이 돌처럼 널린 전시관을 구경하고 나오는 아내들은 더 이상 보석 투정을 하지 않을 것이다. 그래서인지 전시관을 나서는 여성들의 표정이 밝지만은 않은 것 같다.

도자기관도 세계 3대 도자기 컬렉션으로 널리 알려져 있다. 특히 청화백자는 양과 예술성에 있어서 세계 최고를 자랑한다. 11,000점에 달하는 도자기들은 주로 궁전에서 직접 사용한 것들이다. 만찬 행사 때는 3-4천 명의 식사를 한꺼번에 준비했다고 하니 최고의 제품을 특별 주문했음이 분명하다. 접시 중에는 왕실에서만 사용하는, 용의 발이 다섯 개가 그려진 오족용 문양이 많아 이러한 사실을 뒷받침해준다. 청화백자 이외에도 청자와 백자, 청나라 때의 다양한 채색 도자기, 일본의 이마리 자기 등 동양 자기의 진수를 서양의 도시에서 감상하는 즐거움이 남다르다.

토프카프가 갖는 중요성은 성물관에 이슬람의 마지막 선지자 무함마드(마호메트)와 관련된 유품들이 전시되고 있다는 점이다. 그래서 남다른 종교적 의미를 가진 곳이다. 무함마드가 생전에 입었던 외투와 칼, 수염, 치아, 족적은 물론 이슬람 개종을 권유하는 친필 서명이 들어간 서신까지 전시되어 있다. 이슬람 신자들의 발길이 끊이지 않는 이곳에서는 나직한 코란 낭송소리가 가득하다.

그런데 이 중요한 유품이 왜 이슬람의 성지 메카에 있지 않고 이스탄불에 있는가? 16세기 술탄 셀림의 아라비아 원정으로 사우디아라비아를 포함한 대부분의 아랍 지역이 오스만 제국에 복속되었다. 이때 무함마드의 성물들이 전리품으로 이스탄불로 옮겨졌다. 알려진 바에 의하면 사우디아라비아 왕실이 여러 번 이 성물의 반환을 요청했지만 (이것이 불가능하다면 최소한 전시만이라도 희망했지만) 실현되지 않았다 한다. 지금도 성물은 일체 해외 전시가 허용되지 않는다.

토프카프에서 빠뜨릴 수 없는 공간은 하렘이다. 하렘은 금지된 구역으로 통하는 왕비와 어린 왕자, 궁녀들의 처소다. 슐레이만 대제 이후 술탄 가까이에서 지내고 싶어하는 왕비들의 요청에 따라 점차 규모가 넓어졌다고 한다. 크고 작은 방만 250여 개에 달한다. 오로지 술탄 한 사람의 총애에 인생을 걸었던 숱한 여성들의 희망과 꿈과 애환이 서린 곳이라 발걸음이 결코 가볍지 않다. 갇힌 공간에서 당시 제국이 가질 수 있는 모든 부와 사치와 장식예술을 발휘하고자 했던 여인들의 열정과 응어리를 읽을 수도 있다. 흑인 내시들과 하녀들이 머물렀던 작은 방에서부터 술탄의 아내요 다음 왕위를 이을 왕자의 어머니로 막강한 지위에 있었던 왈리데 술탄의 화려한 침실, 도서관과 예배실, 응접실과 식당, 휴게실에 이르기까지 하렘은 하나의 또 다른 세상이었다.

하렘에 간택되어 온 여인들은 누구나 왕비가 될 수 있는 자격을 갖췄다. 따라서 카흐야 카든이라 불리는 상궁에 의해 왕실의 법도와 춤, 노래, 심지어 침대 매너에 이르기까지의 고된 교육 과정을 거쳐야 했다. 물론 그 서열도 엄격했다. 술탄과 하룻밤을 함께한 여인은 '괴즈데(눈에 든 여자)'가 되고, 정기적으로 술탄의 부름을 받는 여인은 '이크발(행운아)', 술탄의 공주를 생산한 여인은 '하세키 카든(공주의 어머니)', 왕자를 생산한 여인은 '하세키 술탄(왕자의 어머니)'이 된다. 이슬람 율법에 따라 네 사람의 하세키가 존재하고 그 중에서 술탄의 첫 번째 왕자를 생산한 여인은 '바시 하세키 술탄(으뜸 왕자의 어머니)'으로 특별한 대우를 받는다. 그녀의 아들이 술탄이 될 가능성이 가장 많기 때문이다. 하렘의 최고 지위는 왕위를 계승한 아들을 가진 '왈리데 술탄(술탄의 어머니)'이다.

토프카프가 단순히 뛰어난 역사유물을 전시하는 공간으로만 알려진 것은 유감이다. 토프카프는 무엇보다 사람의 마음을 설레게 하는 천혜의 절경을 간직하고 있다. 보석관을 나와 콘얄르 레스토랑 쪽으로 발길을 옮기면 갑자기 눈에 다른 세상이 펼쳐진다. 마르마라 해의 시원한 바다 넘어 에게 해가 보이고, 맞은편 아시아 쪽 언덕으로 오리엔트 특급의 아시아 출발역인 하이다르파샤 정거장이 눈에 들어온다. 보스포러스 해협에는 하얀 물을 가르며 여객선과 요트가 쉴새

없이 움직이고, 골든 혼 쪽으로 넘어가는 석양빛에 넋을 잃을 지경이다. 세상에 이렇게 절묘한 풍경을 선사하는 언덕이 또 어디 있을까? 이스탄불의 첫 번째 언덕 위에 세워진 토프카프 궁전은 그런 곳이다.

역사의 돌길을 따라 골든 혼으로

토프카프 궁전을 나오면 성 이레네 성당을 왼쪽으로 끼고 오른쪽으로 나 있는 돌길로 된 내리막이 있다. 나는 이 길을 좋아한다. 단순히 돌을 깐 것이 아니고 끝을 뾰족하게 해서 땅속 깊이 박은 로마식 돌길이다. 울퉁불퉁한 감촉도 새롭지만, 무엇보다 길가에 가득한 역사의 무게가 느껴진다. 100m도 채 내려가지 않아 고고학 박물관이 있다. 길 양 옆에는 그리스 시대 석관들이 아무렇게나 널려 있다. 귀중한 유물이라기보다는 가로수 그늘에 숨어 있는 도로 장식 같다. 비가 오면 물이 고이고 눈이 내리는 날에는 그대로 설치미술품이 된다. 고고학 박물관 안에는 인류 문명 5천 년의 숨결이 한자리에 모여 있다. 이집트의 미라, 아시리아와 히타이트의 석상, 오리엔트 지역에 꽃핀 그리스 로마 유물, 특히 트로이 특별전시관의 풍부한 유물들이 돋보인다. 아무리 바빠도 그리스 전시실의 알렉산더 대왕의 것으로 추정되는 석관과 그리스 대리석 석관 외벽에 조각된 여인들의 슬픈 표정을 빠뜨리지 말자. 남편을 잃은 여인들의 애절한 감정이 매우 감동적으로 돌 위에 표현되어 있다. 그 인상과 감동이 너무나 절절하여 한동안 그 모습이 뇌리를 떠나지 않는다.

고고학 박물관을 나와 오른편 담 쪽으로 가면 귈하네 공원이 나온다. 토프카프 왕실 부속정원쯤에 해당된다. 지금은 일반에게 공원으로 개방되었다. 동물원과 식물원, 공연장, 오붓한 카페가 시민들의 휴식처 역할을 한다. 공원 입구에서 다시 전차길을 따라 내려오면 막다른 길목에 관공서 분위기를 풍기는 오스만 양식의 정문이 서 있다. 이곳이 오스만 공문서국이다. 5백 년간 세계를 지배했던 대제국의 귀중한 문서가 보존된 곳이다. 나도 이곳에서 만 5년간 열심히 자료를 찾고 뒤졌다. 조선 말기 오스만 술탄의 비밀 사절이 한반도를 방문하고 남겼던 조선 보고서의 존재를 알게 된 것도 바로 이 공문서국에서였다. 지금도 세계 각지에서 온 연구자들과 대학원 학생들이 경쟁적으로 오스만 사료를 분석하고 고전문서를 해독하고 있다. 그렇게 해서 얻은 귀중한 성과는 매년 열리는 세계 터키학 대회를 통해 학계와 인류사회에 발표된다.

공문서국에서 우회전하여 50m쯤 걷다가 다시 왼쪽으로 난 곧은 길을 따라 200m쯤 곧장 가면 시르케지에 도착한다. 그 오른쪽에 정거장이 있다. 런던에서 출발한 오리엔트 특급의 이스탄불 종착역이자 출발점이다. 둥근 돔에 붉은 벽돌 건물은 동양을 서양에 나르는 창구이자 서양을 알고 이해하는 현장이다. 그래서인지 시르케지의 상점에는 서양과 동양의 제품들이 골고루 판매된다. 새벽에 도착하는 오리엔트 특급은 호텔비를 아끼려는 수백 명의 여행객들을 한꺼번에 쏟아놓는다. 역 주변은 포장마차와 리어카 노점상으로 붐비고, 여행객을 실어나르려는 합승택시 돌무시와 호텔 호객꾼들의 외침이 들려온다. 영어와 러시아어, 프랑스어와 독일어, 일본어와 터키어가 잡다하게 섞인 외침은 새벽의 교향악이 되고, 바다 물결에 실려 점차 사라진다.

콘얄르에서 양고기를

시르케지 정류장 맞은편에는 콘얄르라는 100년 이상 된 전통 식당이 있다. 토프카프 왕궁 안에 있는 식당도 콘얄르이다. 여기에서는 타틀르라 불리는 단 음식과 푸딩류도 물론 뛰어나지만 무엇보다도 양고기 요리를 빼놓을 수 없다. 물론 제대로 된 양고기를 맛보기 위해서는 값이 비싸기는 하지만, 공항 가는 길에 있는 베이티로 가는 것이 낫다. 누구라도 양고기에 대한 선입견을 버리고 맛의 진수를 느낄 수 있을 것

터키에서 가장 오랜 전통을 자랑하는 토프카프 궁전 내의 콘얄르 레스토랑.

이다. 나의 단골은 아타쾨이에 있는 겔릭 레스토랑이다. 이 집은 양고기를 관광객의 입맛에 맞추지 않는다. 그저 전통적인 방식으로 다양한 맛을 보존하고 개발한다. 그러나 무엇보다 양고기를 중심으로 하는 터키 음식의 진수는 집에서 만들어 어머니의 손맛이 배인 것이다.

저녁 해가 넘어갈 무렵 사라이아의 좁은 골목을 마주하고 서 있는 아파트 층층에서 풍기는 음식 냄새를 나는 잊을 수가 없다. 직장과 학교에서 돌아오는 식구들을 기다리며 저녁을 만드는 어머니며 아내의 표정이 더없이 넉넉하고 행복하게 느껴지는 순간이다. 어느 집에서 무슨 음식을 만드는지

냄새만 맡아도 서로 다 안다. 그리고 조금씩이라도 서로 나눈다.

터키 음식의 기본은 역시 양젖과 양고기일 것이다. 양젖은 그대로 마시고, 남은 것은 발효시켜 요구르트로 만든다. 요구르트의 어원이 터키어인 점은 터키 사회에서 요구르트의 대중성과 그 오랜 역사를 잘 설명해준다. 요구르트에 물과 소금을 섞으면 마시는 요구르트인 '아이란'이 되고, 남는 양젖으로는 치즈와 버터를 만들고 유당을 추출한다. 또 젖을 주정 발효시켜 양젖술인 '수툴루 이츠키'를 빚어낸다. 양고기 음식으로는 숯불 회전구이로 유명한 '됴네르 케밥', 진흙 통구이인 '쿠유 케밥', 꼬치구이인 '시쉬 케밥', 양갈비구이인 '피르졸라' 등이 일품이다.

양고기는 빵과 함께 터키인의 주식이다. 양고기는 처음 먹으면 특유의 노릿한 냄새가 거슬리기도 하지만, 서너 번 먹어보면 누구라도 쉽게 그 맛에 익숙해지게 된다. 한동안 부드럽고 담백한 그 맛을 못 잊어 양고기 요리를 잘한다는 소문이 난 서울 시내 음식점을 두루 돌아보기도 했다. 그러나 도무지 제 맛을 내는 데가 없었다. 우선 먹는 분위기가 달랐고, 육질, 고기 저미는 방법, 향료와 양념의 종류, 불의 성질이 다르기 때문이다.

터키를 중심으로 한 이슬람 문화권에서 조리되는 양고기

음식은 약 120여 종이 있는 것으로 조사되었다. 이 중 가장 대중적이고 보편적인 것이 '됴네르 케밥'이다. 양 한 마리를 잡아 우선 껍질과 내장을 정리하고 뼈를 추린다. 그런 다음 전 부위를 얇고 널따랗게 썰어 마늘, 양파즙, 박하, 각종 향료로 된 양념을 뿌려 하루 저녁을 재운다. 다음 날 회전판 가운데 일자로 세워진 쇠꼬챙이에 차곡차곡 고기를 끼워 둥글게 원통형으로 쌓아올린다. 중간중간 기름 덩어리와 야채를 끼우고 소금과 후추를 적당히 뿌린다. 이제 세로로 세워진 세 칸짜리 숯불 화덕 앞에서 서서히 돌리면서 굽는다. 표면이 익을 때마다 가늘고 긴 칼로 위에서 아래로 베어 빵에 싸서 먹는다. 고기 몇 점에 양 한 마리의 모든 부위가 담겨 있는 셈이다.

점심시간의 이스탄불 시내 도로변은 수백 군데의 '됴네르 케밥'집을 중심으로 인산인해의 장관을 이룬다. 인근 사무실이나 학교에서 쏟아져 나온 시민들이 한 손에 됴네르 케밥 샌드위치, 다른 한 손에는 아이란 병을 들고 2분짜리 점심을 해결하는 모습이다.

가장 역동적인 이스탄불의 삶의 현장 : 에미뇨뉴 선착장

바다를 바라보며 시르케지의 오리엔트 익스프레스 정류장

을 왼쪽으로 돌아나오면 그 다음부터는 에미뇨뉴라 불리는 선착장이다. 아시아 쪽 위스크다르와 아시아 오리엔트 특급이 출발하는 하이다르파샤 정류장으로 가는 배가 출발한다. 마르마라 해에 떠 있는 휴양섬 뷔육 아다와 프린세스 섬으로 가는 배도 여기서 출발한다.

선착장 옆의 흔들거리는 배 위에서는 생선을 즉석에서 튀겨 빵 속에 넣어주는 '발륵 샌드위치'가 일품이다. 이스탄불의 명물로 등장한 배 위 식당은 출근길의 아침식사이고, 퇴근길의 저녁식사이며, 지나가는 여행객들의 알찬 요기다. 어린아이의 손을 잡은 어머니, 넥타이를 맨 샐러리맨들이 너나 할것없이 바닷가 난간에 걸터앉아 발륵 샌드위치를 즐기는 모습은 이스탄불의 또 다른 얼굴이다.

다리 이쪽 끝에는 두 개의 미나렛을 가진 상당히 큰 규모의 오스만 시대 모스크가 반긴다. 새로운 모스크란 의미로 '예니 자미'로 불린다. 하지만 말이 새로운 모스크지 슐레이만의 손자인 무라트 3세의 부인이자 메흐메트 3세의 어머니 사피에 하툰의 후원으로 16세기 말에 짓기 시작한 모스크다. 1597년 건축가 다우트마에게 부탁해 1666년에야 완성했다. 그래서 이 모스크를 술탄의 어머니를 지칭하는 말인 왈리데를 따서 '왈리데 모스크'라고도 부른다. 그 앞에는 항상 수백 마리의 비둘기 떼가 몰려 있어 관광객은 물론 노숙자들

므스르 바자르 바깥의 전통 야채, 양념 시장.

과 노점상, 장보러 나온 서민들과 함께 어울려 독특한 풍경을 만들어낸다.

이 모스크 뒷부분에 이집트 시장이 연이어 있다. 므스르 바자르라 불리는 향료시장이다. 건과일과 치즈, 꿀과 올리브는 물론 오리엔트의 긴 역사를 통해 인류가 사용했던 온갖 향료와 양념, 카레와 약용식물들이 있다. 남성들이 즐겨 찾는 술탄마준이 거래되는 곳도 이 시장이다. 술탄마준은 오늘날 비아그라에 해당되는 남성들을 위한 정력 강장제의 일종이다. 품질 좋은 터키산 피스타치오를 값싸게 구입할 수도 있다. 물론 한국제품도 있다. 신라 시대 이후 실크로드 교역의 대표 물품이었던 인삼이다. 향료시장에서 한국에서 온 것이 있느냐고 물으면 고려인삼을 꺼내온다. 한국의 술탄마준이라며 엄지손가락을 치켜든다. 터키 사람들 사이에서도 일찍이 인삼의 효능과 약효는 잘 알려져 있었다. 터키 사람 만날 때 인삼차를 들고 가면 선물로서는 그만이다.

향료시장에는 이것저것 먹어보는 자유가 있다. 그러나 먹을 때는 인심이 좋아도 일단 판매할 때는 1g의 오차도 없이 매정하게 저울에 달아준다. 터키식 상술이다. 향료시장 바깥에서도 시장은 이어진다. 특히 오른쪽 출입구에 있는 터키 커피 하우스에는 언제나 긴 줄이 늘어서 있다. 가장 구수하고 질 좋은 커피 원두를 그 자리에서 볶아 가루로 만들어주기 때문이다. 작은 커피포트에 물과 커피 두 스푼을 넣고 약한 불에 끓이면 진흙 같은 커피가 가라앉는다. 일종의 머드 커피다. 가라앉은 머드 위에 떠오른 맑은 커피 액을 마신다.

양고기를 먹고 난 후 마시는 진한 터키 커피 한 잔은 속을 개운하게 할 뿐만 아니라, 정신까지 맑게 해준다. 이 맛에 중독된 유럽 외교관들에 의해 이스탄불의 커피 원두가 유럽에 유출되고 유럽 전역에 커피 하우스가 생겨났다. 예니 자미 앞 공원 끝에는 1870년의 '웨파 보자즈'가게가 있다. 곡물을 발효시켜 만든 '보자'는 꼭 누룩으로 발효시킨 막걸리 원액 같은 시큼한 맛이다. 그러나 알코올 성분을 없앤 순수한 발효음식이라서 장보러 나온 터키 시민들이 빠지지 않고 한 잔씩 마시며 지나간다. 예니 자미 공원을 메우는 사람들 중에는 모자를 쓰고 복권을 파는 사람들이 갈수록 늘어나고 있다. 열심히 일해도 살기 어려운 현실에서 한탕의 행운에 기대는 복권 문화는 오늘날 터키 사회에도 광풍처럼 불어닥치고 있다.

갈라타 타워

향료시장과 예니 자미에서 골든 혼 바다를 가로지르는 다리를 건너간다. 갈라타 다리다. 좁은 골든 혼을 사이에 두고 이스탄불을 구시가와 신시가지로 나누는 다리다. 1845년 오스만 제국 시대에 목재로 만들어졌던 이스탄불 최초의 다리

신시가지와 구시가지를 잇는 갈라타 다리.
멀리 예니 자미와 이스탄불 대학 소방 전망탑이 보인다.

가 지금까지 이어졌다. 1994년 새롭게 건설된 다리를 사이에 둔 양쪽 해안은 이스탄불에서 가장 분주하고 가장 역동적인 서민들의 삶이 꿈틀대는 현장이다. 도시 전역으로 연결되는 페리 선착장이 집결해 있다. 일 년 내내 노점상이 거리를 메우고 세계의 유행을 값싸게 호흡하는 통로 구실을 한다.

바다 건너 맞은편 언덕 위에 우뚝 솟은 원추형 탑이 갈라타 타워다. 1348년 제노아인들이 그들의 공동체를 보호하기 위해 세웠던 탑이다. 지금 꼭대기에는 이스탄불에서 가장 경치가 좋은 레스토랑이 있다. 이스탄불 구시가 전체를 내려다보면서 멀리 보스포러스와 골든 혼까지 한눈에 담을 수 있는 곳이다. 엘리베이터를 타고 7층까지 가서 둥근 난간을 한 바퀴 돌고 나면 이스탄불 구경은 끝나는 셈이다. 이 레스토랑은 저녁이면 나이트클럽으로 돌변해 벨리댄스와 터키 전통 민속춤은 물론 세계 민요와 가요 축제가 열린다. 장단을 제법 맞추는 「서울의 찬가」도 들을 수 있다.

갈라타 지구는 기원전 7세기 그리스 시대부터 형성된, 이스탄불에서도 가장 오래된 정착지의 하나였다. 언덕 기슭이 무화과나무로 덮여 있어 오랫동안 '무화과의 마을'이란 뜻인 '시케(Sycae)'라 불려왔다. 기원후 5세기경 동로마 데오도시우스 II세가 고대 로마처럼 콘스탄티노플을 14개 지구로 분할할 때, 시케는 13번째 지구에 속했다. 목욕탕, 극장, 포럼(공공 광장), 항구, 성벽 등 풍성했던 당시 도시 생활을 엿볼 수 있는 흔적들이 발견된다.

갈라타가 제노아인을 중심으로 한 본격적인 외국인 거주지로 자리잡은 것은 12세기부터였다. 당시 콘스탄티노플의 동로마 제국이 베네치아와 대항하기 위해 제노아인들에게 갈라타에서 자유무역의 특권을 주었기 때문이다. 비정치적 국제 교역으로 제노아는 엄청난 부를 축적했으며, 오스만 제국의 콘스탄티노플 공략 때는 현명하게 중립을 지켜줌으로써 새로운 강자의 공격을 피할 수 있었다. 오랜 국제 교역의 네트워크 덕분에 갈라타의 번성은 제국이 바뀌어도 지속되었다.

1492년 스페인에서 이슬람 나스르 왕조가 멸망하고 페르디난도와 이사벨라 여왕에 의해 대규모 유대인 축출이 이루어졌다. 오스만 술탄은 그들을 이스탄불로 받아들여 갈라타 지구에 정착시켰다. 이것이 오늘날 갈라타가 유대인 상업 지구로 남아 있는 배경이다.

골목길의 하루와 파티 이슬람 지구의 삶

나는 이스탄불의 파티에 있는 한 집에서만 6년을 살았다. 이스탄불 구시가 중 가장 오래된 중심 지역이다. 천만 인구 중에 가장 보수적이고 가장 이슬람적인 구역이며, 동시에 전통적인 삶이 지금도 펄펄 살아 있는 곳이다. 그래서 나는 파티를 떠나지 못하고 이곳의 주민들과 한 형제로 어울려 살았다. 대부분의 집은 5층 아파트로 당시만 해도 집 안에서 석탄 난로를 사용했다. 월세는 한 달에 100달러 정도로 저렴했다. 한 달에 500달러만 있으면, 가난한 유학생의 한 달 생활이 그럭저럭 가능했다. 힘든 이웃을 결코 모르는 체하지 않는 파티 사람들의 정성과 도움이 있었기 때문에 가능한 삶이었는지도 모른다. 아마 그랬을 것이다. 그들은 낡은 소파를 날라다주고, 식탁과 그릇도 챙겨주었다. 밤중에 갑자기 열이 나도 이웃집 의사 아저씨가 달려와주었다. 치과의사 세르메트는 내가 치통으로 고생할 때 한밤중에 그의 클리닉을 열어 이빨을 뽑아주었다.

베식타시의 정육점 아저씨는 고기를 사면 우리 가족을 위해 따로 보관해두었던 쇠꼬리며 우족을 그냥 준다. 그들은 먹지 않지만, 곰국을 좋아하는 한국인 친구를 위해 도살장에서 일부러 챙겨오는 것이다. 아무리 귀찮아도 즐거워하는 우리 가족의 표정에서 그는 보람을 얻는다. 터키 사람들은 참으로 마음씨가 좋다. 이곳에서 부르는 호칭은 네 가지면 충분하다. '암자(아저씨)' '엔게(아주머니)' '아비(형)' '아블라(누나)'이다.

파티 지구의 골목길

파티의 골목길에는 사람 사는 정이 넘친다. 골목길 아파트 생활에는 따로 시계가 필요 없다. 일정한 시각에 같은 목소리의 주인공들이 시간을 알려주기 때문이다. 제일 먼저, 아침 7시에는 갓 짜온 신선한 양젖을 노새 등에 실은 아저씨가 지나간다. 따로 외치지는 않는다. 노새 목에 달린 딸랑이 소리만으로도 충분하다. 아직 제대로 세수도 못 했는데 잠옷 차림으로 아파트 입구 골목까지 내려가는 일은 생각만 해도 귀찮은 일이다. 다행히 그럴 필요가 전혀 없다. 바구니에 줄을 매달아 창문을 통해 그릇이나 병을 내려주면, 필요한 양을 담아준다. 줄을 당겨 올리기만 하면 된다. 골목길 거래는 이렇게 이루어진다. 물론 돈도 바구니에 실려 내려간다. 8시경에는 커다란 빵 바구니를 등에 멘 아이가 지나간다. 갓 구운 긴 빵을 골목 전체에 배달한다. 10쯤시에는 도시가스 차가 신호음을 내며 골목길에 등장한다. 이어 고물장수가, 11시에는 플라스틱 리어카 아저씨가, 점심때는 우체부 아저씨가 지나간다. 쪽문으로 내다보고 있으면, 멀리서 알아보고 편지를 흔들어준다. 우리 집에 올 편지가 있다는 표시다. 애타게 고국소식을 기다리고 있는 심정을 헤아려주는 아저씨가 늘 고맙다. 오후 2시에는 긴 장대를 맨 하수구 청소부와 땔감 장작을 파는 아저씨가 지나간다. 저녁 무렵에는 연료용 갈탄을 실은 트럭도 지나간다. 겨울의 밤중엔 보자즈가 구슬픈 목청을 돋우며 골목을 깨운다. 긴 밤의 시장기를 달래주는 발효된 걸쭉한 죽이다. 골목은 항상 깨어 있고 살아 움직인다. 축제 때가 되면 결혼식 행렬도 지나간다.

하맘에서 신부 조건을 확인하다

사라이아 길을 따라 위로 올라가면 왼편에 하맘이 보인다. 하맘은 터키의 공중목욕탕이다. 오리지널 터키탕인 셈이다. 이스탄불에서 가장 오래된, 동시에 오스만 제국 역사에서 가장 최초의 하맘은 베야지트에 있는 마흐무드 파샤 하맘(1466)이다. 이스탄불에 정착한 이후에도 처음 몇 달간은 하맘에 갈 용기가 없었다. 이곳 목욕풍속을 몰랐기 때문이다. 사실 그보다는 한국에 알려진 터키탕에 대한 좋지 않은 선입견 때문이었을 것이다. 결국 용기를 내어 하맘에 가보니 기존 관념은 완전히 깨어졌다. 모두가 각자의 타월과 옷을 걸치고 홀 가운데 놓여 있는 대리석 바닥에 앉거나 누워 담소를 나누고 있었다. 우리나라처럼 가운데 뜨거운 물이 담겨 있는 탕이 없는 것이 이색적이었다. 각자 데워진 대리석 바닥과 벽면의 열기로 서서히 땀을 내고 칸막이가 설치된 샤워장에서 몸을 씻고 나왔다. 친한 친구나 부자(父子) 사이에도 치부를 가리는 목욕예절, 더러운 욕탕에 함께 몸을 담그지 않는 위생관념이 독특했다. 서두르지 않으면서 오랜 시간 조용히 담소하고, 정보를 교환하며 비즈니스까지 처리하는 공동체 친교의 장소였다. 결혼을 앞둔 신부가 시어머니 될 사람과 함께 목욕탕에서 건강한 신체와 예절을 확인받는다는 사실도 인상적이었다.

파티 모스크

파티의 드라만에서 90번 버스를 타고 큰길까지 나오면 웅장한 파티 모스크(1463~1470)를 만난다. 관광객들에게는 거의 알려져 있지도 않고, 예배를 방해하는 이방인에게 그렇게 호의적이지도 않다. 원래 이곳은 성 소피아 성당이 생기기 전까지 이스탄불에서 가장 큰 성당이었던 성 사도 성당이 있던 자리였다. 성 소피아 성당을 모스크로 사용하기로 결심한 오스만의 정복자 메흐메트 2세는 그리스 정교의 총대주교 자리를 이곳으로 옮기게 했다. 그러나 2년 뒤 다시 총대주교 자리를 여자 수도원이었던 팜마카리스토스(행복한 성모)로 옮기게 한 뒤 파티 모스크를 지었다.

파티는 정복자를 일컫는 말로 이스탄불을 정복한 술탄 메흐메트 2세의 호칭이다. 이 모스크는 정복자를 위해 지어진 것으로 이스탄불에서 가장 의미 있는 모스크다. 외관이나 실내가 블루 모스크나 슐레이마니예 모스크보다 화려하지는 않지만 모든 공간이 지금도 거의 원래의 기능을 다하고 있다. 정원에 들어서면 하늘로 솟은 사이프러스나무가 모스크 미나렛과 서로 높이를 경쟁하고 분수대에서도 다른 대모스크의 분주함이나 세속적인 분위기와는 사뭇 다른 경건함이 넘친다. 실내에서는 소박한 장식과 스테인드글라스가 눈에 띈다. 중앙의 큰 돔을 중심으로 사방에 네 개의 작은 돔이 받치고 있다. 오스만 시대의 대건축가 시난 건축의 기본 모티프를 그대로 살렸다.

파티 모스크 주변에도 중세 이슬람 도시구조의 전형이 숨쉬고 있다. 학교와 목욕탕, 병원, 카라반 사라이(대상 숙소) 시설이 남아 있고, 수요일에는 이 모스크를 중심으로 7일장인 차르샴바(수요) 시장이 열린다. 모스크 뒤뜰에는 정복자 술탄 메흐메트 2세의 무덤과 묘당이 있다. 그의 아내 귤 바하르와 함께 묻힌 묘당에는 언제라도 그의 영혼을 위해 기도하는 시민들을 만날 수 있다.

민간 신앙의 메카 에윱 모스크

파티에서 골든 혼으로 내려와서 바다를 끼고 안쪽까지 걸어가면 에윱 모스크를 만난다. 예배의식이 거행되는 모스크이면서 이스탄불 시민들이 빠짐없이 찾아오는 민간 성소이다. 자식을 발원할 때, 결혼식을 올린 후, 심지어 남편이 바람을 피울 때도 가련한 여인네는 이곳에 와서 고목의 가지에 소원을 적은 종이 리본을 매달고 에윱의 묘당 앞에서 간

절히 기도하고 염원한다. 예윰은 이슬람 초기 마호메트의 추종자였다. 7세기 말 에윰은 아랍군대를 이끌고 콘스탄티노플을 공략하던 중 숨을 거두어 이곳에 묻혔다. 그가 묻혀 있는 무덤은 성지로 간주되어 이스탄불 시민들의 각별한 관심을 끌었다. 그래서 콘스탄티노플이 점령된 된 지 5년이 지난 1458년에 에윰 모스크가 완공되었다. 정복자 자신의 파티 모스크보다 먼저 완공된 것이다. 민간신앙을 철저히 금하는 아랍 지역의 이슬람과는 전혀 다른 형태의 혼합신앙이 이스탄불에서 성행하는 것이다. 이것도 결국 다른 이데올로기와 다양한 문화를 융합하여 대제국을 이루었던 오스만의 넉넉한 문화적 배경으로 보인다.

에윰을 떠나기에 앞서 꼭 들러야 할 곳이 있다. 페에르 로티 찻집이다. 모스크 언덕 위에 자리잡은 이 찻집은 프랑스 작가 피에르 로티(1850~1923)가 이스탄불에 머물 때 즐겨 찾던 곳이라 그의 이름이 붙었다. 그의 사진이 걸려 있는 찻집에 오르면 골든 혼의 아름다운 정경이 눈 아래 펼쳐진다. 애절한 사랑과 연애를 중심 테마로 삼고 작품활동을 했던 피에르 로티의 테이블에서 이스탄불을 정리하는 것도 더 없는 즐거움이다. 허리가 잘록한 작은 유리 찻잔에 담긴 붉은 터키 홍차의 향과 빛깔이 더욱 낭만적으로 느껴진다.

이슬람 마을에 숨은 소수 문화의 비애

　이스탄불이 다양한 문명의 융합과 조화의 도시라는 것은 잘 알려져 있지만, 가끔은 전혀 생각지 않은 곳에서도 이질적인 소수 문화를 만날 수 있다. 유대 문화와 그리스 정교, 가톨릭 문화가 이슬람의 삶 한가운데 깊숙이 들어와 있기 때문에 더욱 돋보이고, 때로는 비감하고 애처로워 보이는지도 모른다.

　대시장인 카팔르 차르시의 누르 오스마니예 문을 나와 카펫 거리가 끝나는 오른쪽 코너에 가면 얼마 전까지도 「휴리예트」라는 터키 최대 일간지의 본사가 있었다. 놀랍게도 이 신문은 유대인이 사주로 있는 유대계 언론이다. 인구의 98%

가 이슬람을 믿고 있는 나라에서 가장 많은 시민들이 선택하는 신문이 유대계라니. 두 번째로 높은 판매부수를 차지하는 또 다른 신문도 유대계 자본이다. 터키 상위 재벌 중에 유대계 재벌이 여럿 눈에 띄는 것도 다른 이슬람 국가에서는 거의 상상할 수 없는 현상이다.

성 이레네 성당이나 코라 성당처럼 원래의 모습대로 살아남아 종교적 기능을 유지하는 경우도 있지만, 신자들이 떠나버린 그 많은 성당 유적들이 모두 살아 있을 수는 없는 노릇이다. 그렇다고 폐허로 방치되어 있지도 않다. 많은 성당들은 이슬람의 모스크로 개조되어 또 다른 신앙의 장소로 기능하고 있다. 이 성당들은 아이러니하게도 이스탄불에서 가장 이슬람적이고 가장 보수적인 파티 지구에 숨어 있다.

구시가 교통의 중심지인 베야지트 광장에서 90번 시내버스를 타면 파티 지구로 간다. 이스탄불 시청과 아크 사라이를 지나 파티 모스크를 오른쪽에 끼고 야우즈 셀림 길로 올라선다. 이곳이 파티의 심장부다. 좁은 길 양 옆으로 빵집, 이슬람 패션으로 가득한 부티크, 서점, 노점상들이 들어찬 가장 이스탄불다운 서민적인 동네. 길거리에서 만나는 여인들은 모두 차도르 차림이다. 머리에는 색색의 스카프를 쓰고, 무릎 아래까지 내려오는 긴 치마를 입었다. 때로는 이란에서나 볼 수 있는, 온몸에 검은 차도르를 걸친 여인들의 행렬도 보인다. 이곳이 가장 보수적인 이슬람 지역이라는 것을 금방 눈치챌 수 있다. 이런 사람들을 헤치고 기다란 버스가 골목길을 따라 한참 곡예 운전을 하고 나면, 드디어 종점이 가까워진다. 페티예 길이다.

종점에서 한 정류장 못 미쳐 페티예 길 오른쪽 골목으로 들어서면 아주 오래된 모스크가 보인다. 페티예 모스크다. 이곳이 유명한 팜마카리스토스 성당이다. 네 개의 기둥에 받쳐진 중앙의 쿠폴라가 가장 전형적인 비잔틴 성당의 고전적 건축예술을 대표한다고 한다. 천장과 벽면에는 예수의 생애와 신의 형상, 그를 둘러싼 구약의 열두 선지자들을 묘사해놓았다. 12세기 초에 지어진 팜마카리스토스 성당은 1453년 콘스탄티노플이 정복된 이후 그리스 정교 총대주교가 130년간 이곳에 머물렀다는 상징성이 강하다. 정복자 파티 술탄 메흐메트 2세는 1454년 게나디우스를 총대주교로 임명하고 (성소피아 성당이 모스크로 개조되었기 때문에) 이 성당에서 머물게 했다. 다른 문화에 대한 이해의 폭이 넓었던 오스만 술탄 메흐메트 2세는 수시로 이 성당에 들러 게나디우스로부터 기독교 교리와 정신을 배웠으며, 필요한 교리를 터키어로 번역시켰다. 메흐메트 2세의 기독교에 대한 지적 관심은 한때 유럽에서 오스만의 술탄이 기독교로 개종하려 한다는 흥분을 불러일으키기도 했다. 본당은 지금도 모스크로 사용되고 있지만, 벽화가 있던 중요한 기독교 유산들은 박물관으로 보존되고 있다.

팜마카리스토스 성당을 나와 페티예 길을 끝까지 따라가면 코라 수도원을 만난다. 기독교 모자이크로 잘 알려진 명소다. 현지인들은 카리예 박물관이라 한다. 주변에는 온통 민가다. 좁게 난 로마 돌길을 따라가면 이곳이 이슬람의 심장부 이스탄불이란 생각을 잠시 잊게 된다. 둥근 돔에 해당되는 쿠폴라가 하늘로 솟은 붉은 벽돌의 코라 수도원은 겉보기에는 왠지 초라해 보인다. 그렇지만 413년에 세워진 것을 생각하면 무척 단아한 모습이다. 안으로 들어가면 벽과 천장을 가득 메운 벽화가 눈에 들어온다. 두 개의 돔 천장에 두

카리예 성당의 기독교 천장 성화.

개의 모자이크가 대칭을 이루고 있다. 직경이 3.4m에 달하는 왼쪽 돔 중앙에는 성모 마리아가 그려져 있다. 성모 마리아를 중심으로 16개 부분으로 나누고 그의 조상들의 내력을 그려놓았다. 다윗과 솔로몬 왕등이 위쪽에, 모세와 아론 등이 아래쪽에 표현되어 있다. 오른쪽 돔 중앙에는 조상들에게 둘러싸인 예수를 그려놓았다. 중앙의 예수에게 집중되는 16줄의 방사선 위에 아담에서 야곱에 이르는 성경상의 족보와 스토리를 세밀하게 처리했다.

카리예 박물관을 나와 언덕 아래로 골든 혼을 향해 좁은 길을 내려가면, 페네르란 동네에 이른다. 그리스인들이 모여 살던 곳이다. 이 페네르에 그리스 정교의 총대주교청이 있다. 성 게오르기 정교회다. 외관상 보이는 건축 미학의 아름다움보다는 슬픈 역사의 흔적이 더욱 가슴에 남는 곳이다. 1821년 4월 22일. 콘스탄티노플의 그리스 정교 총대주교 그레고리 5세와 모든 성직자들이 교수형에 처해졌다. 죄목은 오스만 왕정에 대한 반란 기도였다. 이 사건은 결국 오스만 제국에 대항한 그리스 독립전쟁을 촉발시키게 된다. 성 게오르기 정교회가 처음부터 총대주교청이 된 것은 아니다. 오랫동안 팜마카리스토스 성당이 총대주교청으로 사용되다가 1586년 이후 이곳으로 옮겨왔다. 지금까지도 이 성당은 이슬람 지구의 한복판에서 그리스 정교회의 정신적 상징으로 남아 있다.

오스만 제국의 소수민족과 이교도에 관한 정책은 기본적으로 완전한 자치와 전통적인 종교 문화의 절대 존중이었다. 제국의 기독교, 유대인, 그리스 정교, 아르메니아 공동체의 종교적 자유와 전통관습이 법적으로 보호되었다. 오스만 제국 최고의 건축가로 많은 이슬람 모스크 건축물을 남겼던 미마르 시난은 알바니아 출신이었고, 지중해 해상권을 확립한 명제독 바르바로사는 그리스 정교회 신자였다. 지금도 그리스 정교의 총본산이 이스탄불에 그대로 있고, 이스탄불의 유대인들도 이스라엘로 돌아가지 않고 터키에 남아 완전한 터키 시민으로 자신들의 민족 정체성과 종교적 정통성을 지키고 있다. 그들은 일반 터키 시민들보다 월등히 높은 경제적 수준과 사회적 지위를 유지하고 있다. 이것이 터키의 힘이고 전통이다. 자신과 다른 것을 받아들이고, 달라도 그것이 옳다면 적극적으로 지지해주는 이슬람의 본래의 정신이 터키에 살아 있다. 이슬람의 가야 할 길이 가장 모범적으로 실천되고 있는 셈이다. 서구와 협력하고 공존하면서 실리를 추구하는 정신이야말로 낙후된 이슬람 세계가 앞으로 걸어가야 할 험난한 목표다. 물론 더 많이 가진 서구가 더 많이 나누어야 한다는 전제가 있어야겠다.

근대사의 생생한 현장들 : 갈라타에서 탁심 광장으로

이른 아침 갈라타 언덕에서 골든 혼을 내려다보면 붉은 기와를 얹은 마을에 안개가 자욱하다. 폐선 주위에 갈매기가 힘없이 날고, 주물 공장에서 들리는 작업 소리가 자동차 경적에 섞여 도심을 깨운다. 출근길의 돌무시와 시내버스는 좁고 가파른 언덕을 돌고 돌아 탁심 광장으로 향한다. 이스탄불 신시가지의 중심지다. 갈라타 언덕에서 탁심 광장으로 가는 길목 양 옆에는 온통 18~19세기의 낡은 저택들이 즐비하다. 근대화를 온몸으로 받아들이던 오스만 제국 말기의 모습이 남아 있다. 서양식 엘리베이터도 없는 5층짜리 아파트형의 색 바랜 건물들은 주변의 현대식 고층 빌딩에 가려 초

라해 보인다. 그나마 복원되어 외관의 위엄을 갖춘 것들은 과
거 대사관 건물들이다.

골든 혼을 가로지르는 해저 터널 출구를 벗어나면 바로
이스티크랄(독립) 거리가 시작된다. 붉은색 트람바이 전차가
다니는 이 거리는 서울의 명동쯤에 해당하는 이스탄불에서
가장 번화한 상업지구다. 유럽의 유명 명품점은 물론 터키
최고의 패션 브랜드인 와코 매장이 있다. 양고기 피데(터키식
피자) 식당, 빵집, 극장, 은행 등도 빼곡히 거리를 메우고 있다.
대부분 19세기의 건물들이다. 물론 좌우 골목골목에는 전혀
상상이 되지 않는 또 다른 모습들이 숨어 있다. 앵글리컨 교
회, 나이트클럽, 터키 최고의 명문인 프랑스계 갈라타 고등학
교도 이스티크랄 거리 초입에 있다. 갈라타 고등학교 맞은편
골목에는 기나긴 생선시장이 숨어 있다. 지중해와 에게 해,
흑해 세 바다의 풍성한 해산물과 치즈, 올리브 등을 판다. 이
곳에서는 특이하게 이슬람에서 금기기시하는 돼지고기를 파
는 정육점도 찾을 수 있다.

이곳은 007영화의 긴박한 추적 장면과 오리엔트의 환상
적인 분위기가 연출되던 곳이기도 하다. 러시아와 수백 km
를 접경하고 있고, 동·서유럽과 중동과의 교차점에서 핵심적
인 역할을 하던 이스탄불은 냉전 시대에 첩보 도시로 명성을
날렸다. 첩보를 둘러싸고 벌어지는 미인과 마약, 폭력과 이름

모를 살인 등의 무대가 이스티크랄 거리의 뒷골목이다. 지금도 세계 최고 수준의 벨리댄스가 공연되는 나이트클럽 앞에는 두 팔을 양 겨드랑이에 낀 거구의 사내가 버티고 있다. 지금은 거의 정리되었지만, 1990년대 중반까지만 해도 주위에 대규모 사창가가 번성했다. 무모한 한국인 여행객들이 용감하게 들어갔다가 바가지를 써서 여행경비를 모두 날렸다고 종종 하소연하는 곳이기도 하다.

이스티크랄 거리를 거의 벗어날 무렵 왼쪽으로 난 길을 따라가면 유명한 페라 팔라스 호텔이 나온다. 파리와 이스탄불 사이에 오리엔트 익스프레스 노선을 개설한 벨기에 기업인 조지 나겔맥커가 1890년에 신축한 호텔이다. 오랫동안 이스탄불의 유일한 외국인 관광객 전용 호텔로서 수많은 에피소드와 사연을 남겼다. 이스탄불을 방문하는 세계 각국의 원수나 실력자들이 빠짐없이 이 호텔에 머물렀고, 세계적인 추리 작가인 애거서 크리스티가 이 호텔에 머물면서 『오리엔트 특급 살인사건』을 구상했다. 1923년 터키공화국을 선포한 초대 대통령 케말 아타투르크가 이곳에 머물다가 돌마바흐체 궁전으로 거처를 옮기기도 했다. 그가 머물던 집무실은 지금 아타투르크 박물관으로 보존되고 있다.

프랑스 대사관을 끝으로 이스티크랄 거리를 벗어나면 탁심 광장이다. 유럽식 광장과는 전혀 색다른 조화와 어수선한 아름다움이 있다. 광장 한가운데 있는 아타투르크 기념비를 중심으로 시내버스 정류장이 광장 한 켠을 차지하고 있다. 한쪽 코너에는 싱싱한 꽃시장이 형성되어 있고, 그 옆으로는 자그만 이슬람 사원이 성스러움을 간직하고 있다. 이스탄불 신시가지를 상징하는 특급 호텔 에탑 마르마라가 오른쪽 하늘을 덮고, 광장 맞은편에 있는 아타투르크 문화회관에서는 각종 음악회와 오페라 공연으로 언제나 사람들이 붐빈다. 비둘기 떼가 난무하는 탁심 광장은 무작정 상경한 시골 사람들의 마지막 삶의 터전이다. 가출 청소년과 노숙자들이 헤진 옷가지를 걸치고 아무나 붙잡으며 손을 내미는 풍경도 눈에 띈다. 맥도날드 패스트푸드점 뒤로는 탁심 공원이 이어진다. 아마추어들의 거리 묘기가 펼쳐지고 전시회와 미니 공연도 열린다. 이 공원은 도심 한가운데 있는 시민들을 위한 귀중한 숲의 공간이다. 그리고 그 숲의 공간을 또 특급 호텔의 숲이 둘러싸고 있다. 이곳이 탁심이다.

탁심 공원을 지나 줌후리예트(공화국) 거리로 들어서면 이스탄불의 금융과 상업 중심지가 시작된다. 낯익은 은행과 보험회사, 여행사와 환전소 등이 거리를 메운다. 힐튼 호텔을 지나 100여 m를 가면 군사박물관이 있다. 매일 오후 3시경에 시작되는 오스만 제국 시대의 전통 군악대 연주는 빼놓을 수 없는 추억이다.

이 박물관에는 한국전쟁관이 있다. 미국 다음으로 많은 군대를 보내 3천여 명의 사상자를 낸 터키 국민들의 한국 사랑을 느낄 수 있는 곳이다. 전쟁 박물관을 지나면 오스만 베이가 시작된다. 터키 패션의 1번가다. 여기서부터는 메즈디예 쾨이와 진지를리 묘역을 거쳐 에틸레르와 예니 레벤트까지 신도시 아파트와 고급 주택가가 새로운 이스탄불의 문화를 만들어가고 있다.

오후에 이곳을 지나갈 때마다 진지를리 묘역으로 가는 장례행렬을 만날 수 있다. 이스탄불에서 사망한 유명 정치인이나 명망가들은 오스만 베이가 끝나는 지점의 시실리 모스크에서 장례예배를 치르고는 주로 이곳에 안장된다. 이슬람에서는 장례시 사망한 지 24시간 이내에 재빨리 매장하는 관습을 고집한다. 그리고는 가족 묘역의 석관에 묻는다. 이곳에서는 한 세대가 지나 시신이 더 이상 수습되지 않을 때쯤 되면 또 다른 가족을 안장하여 불필요한 묘역을 줄여가고 있다. 도시 한가운데 그리 넓지 않은 묘역에 매일 쉴새없이 장례행렬이 이어지는 이유를 한참 뒤에야 배울 수 있었다.

디지털 시대의 이슬람과 서구의 이상적 만남

이스탄불 신시가 북동쪽의 에틸레르와 레벤트 지역에는 중산층 이상이 사는 고급 주택가와 아파트촌이 몰려 있다. 최고급 쇼핑몰인 아크 메르케즈에는 크리스마스 캐럴이 울려퍼지고, 유럽의 유명 명품가게들이 줄지어 문을 열었다. 이곳에서는 우리의 머릿속에 들어 있는 이슬람의 낙후되고 고리타분한 모습은 찾아볼 수가 없다. 그렇다고 자신의 정체성을 아무렇게나 내던지고, 서구화 일색의 태도를 갖는 것도 아니다. 디자인과 패션 감각이 돋보이는 실크 차도르를 스카프처럼 두른 젊은 여성들도 보인다. 이슬람의 가르침에 충실하면서도 열심히 일해서 마음껏 즐기고, 사고 싶은 것을 살

수 있는 곳이 이스탄불이다.

터키 여성의 권익은 어떤 서구사회에 비해서도 결코 뒤떨어지지 않는다. 이미 민선 여성 수상을 배출했고, 관공서나 은행, 학교 등에 가보면 중간 간부 이상은 거의 여성들이 차지하고 있다. 은행창구나 수위, 차를 심부름하는 서비스업에 종사하는 사람들은 거의 남성들이다. 2001년 가족법 개정에 의해 여성 호주제가 인정되었고, 결혼을 해도 여성이 자신의 성을 유지할 수 있게 되었다. 합의만 되면 남편도 아내의 성을 따를 수 있다. 재산 분할과 이혼에서의 동등권은 말할 필요도 없다. 이슬람의 가치를 버리지 않으면서도 얼마든지 서구식 제도를 접목할 수 있다는 가능성과 실천적 모범을 터키가 보여준 셈이다.

그래서 오늘날 터키 지성들의 가장 큰 화두는 '이슬람과 서구'를 합리적으로 조화한 터키식 이슬람 정신의 확립이다. 첨단과학과 디지털 시대를 온몸으로 호흡하고 급변하는 국제적 흐름에 지성적으로 대처할 수 있는 종교적 재해석과 종교생활의 유연성을 강조하고 있다. 하루 다섯 번의 예배를 보고, 단식을 하고, 가난한 이웃에게 도움을 주는 이슬람의 근본적인 의무를 충실히 수행하면서도 시장경제체제에서 경제적으로 번성하고 개인의 자유와 삶의 질을 높일 수 있다고 믿고 있다. 그리고 터키는 실제로 그런 길로 나아가고 있다.

터키 수상 에르도안이 철저히 예배를 드리는 신실한 무슬림이고, 그의 정당이 이슬람의 가치를 바탕에 깔고 있다는 사실이 이를 잘 말해준다. 이런 점에서 이슬람 국가인 터키가 유럽연합 가입을 앞두고 있는 것은 결코 우연이 아니다.

충실한 이슬람의 가치를 바탕에 깔고 최첨단의 과학과 앞선 서구제도를 받아들이며 새로운 발전을 추구하는 이스탄불의 대표적인 지성조직이 페툴라 그룹이다. 20세기 터키 사회가 배출한 뛰어난 사상가였던 사이드 누르시를 추종하는 이 그룹은 지도자 페툴라 귤렌을 중심으로 교육과 언론, 비즈니스를 통한 이슬람의 현대화, 글로벌화를 지향하고 있다. 그들은 '같은 물이라도 벌이 먹으면 꿀이 되고, 뱀이 먹으면 독이 된다'는 사이드 누르시의 가르침을 받는다. 이슬람의 진정한 계시와 인류에 대한 메시지를 어떻게 받아들이고 현대 생활에 적용하느냐에 따라 순기능과 역기능이 동시에 생겨날 수 있는 것이다. 이 점을 잘 인식하면서 이슬람이야말로 21세기 글로벌 시대에 부합하는 최고의 종교적 가치라는 사실을 확신하는 지성인들이 모인 곳이 이스탄불이다. 그런 면에서 이스탄불은 앞으로 인류에게 분명 새로운 삶의 방향을 제시해주는 기폭제가 될 것이라 믿는다.

한국의 혼으로 살다간 샤밀 박의 90 인생, 그리고 카밀 박

내가 이스탄불 생활을 시작 한 지 2년쯤 지난 1985년의 어느 날, 터키 친구로부터 자기 동네에 한국인 할아버지가 살고 계시다는 이야기를 우연히 들었다. 처음에는 한국전쟁 참전용사일거라고 생각했다. 한국에 다녀온 참전용사들은 스스로를 '한국인'이라는 뜻의 '코렐리'로 부르고 있기 때문이었다.

몇 달간의 수소문 끝에 이스탄불 주택가 예니 레벤트 동네에 사시는 할아버지를 찾을 수 있었다. 처음 나를 보자 그 할아버지는 더듬거리는 말투로 "아~ 안녕하시므니까?"를 겨우 표현해냈다. 얼마나 오랫만에 뱉어보는 조국의 발음인가?

그의 이름은 샤밀이었다. 터키 이름이다. 1949년 이스탄불에 정착했으니 그때 당시 이미 40년 가까운 세월이 흘렀다. 이제 조국을 잊고 가족과 친지들과의 연락도 끊긴 채, 철저히 터키 속에서 여생을 마무리하고 있었다.

나는 호기심과 연민의 정으로 자주 할아버지를 찾아갔다. 만날 때마다 그의 입에서 놀라운 사실들이 흘러나왔다. 모처럼 자신의 이야기를 할 수 있는 상대를 만난 샤밀 할아버지도 신이 나서 모든 것을 털어놓기 시작했다.

1920년 러시아에서 볼셰비키 혁명이 일어나자, 약 600여 명의 러시아 카잔 지역 투르크인들이 만주에 있는 일본군 사령부에 망명을 신청했다. 그 중 200명이 한반도에 자리를 잡았는데, 서울과 대구, 부산, 광주 등 남한과 청진, 신의주 등 북한에 흩어져 정착했다. 그들은 러시아에서 배운 양복 기술로 지금의 소공동과 종로 일대에 양복점을 열었고, 일본과 만주를 연결하는 삼각무역으로 많은 돈을 벌었다. 우리나라에 양복 문화를 처음 도입한 그룹이 그들이었다. 이슬람교를 믿는 그들은 자신들만의 공동체 생활을 위해 지금의 시청 뒤쪽에 2층 건물을 매입하여 민족학교와 이슬람사원을 마련하고 나름대로의 정체성을 유지해갔다. 홍제동에는 이슬람 공동묘지도 조성되었다.

샤밀 박의 한국 이름은 박재성이었다. 여주에서 어렵게 중학교를 졸업한 소년 박재성은 청운의 꿈을 안고 무작정 상경하여, 투르크인 압둘 학 누만이 경영하는 가게에 점원으로 취업했다. 성실성과 근면함으로 신뢰를 쌓은 박재성은 주인이 갑자기 암으로 사망하자 주인 마님과 결혼하여 그 점포를 이어받았다. 그는 당시 투르크족의 관습에 따라 이슬람으로 개종하고, 해방 이후 국내의 혼란을 피해 아내의 고향인 터키로 와서 정착하였다. 샤밀 박은 첫 부인과의 사별 이후 재혼하여 이스탄불에 정착해 살다가 2002년 향년 92세의 나이로 세상을 떠났다. 그는 한국 근대사에서 최초의 이슬람 개종자였으며, 양복 문화를 전수받아 우리나라에 퍼뜨린 1세대 한국인이었다. 또 이슬람권으로 이주해간 최초의 한국인이기도 했다. 샤밀이 사망하기 직전 예순이 가까워오는 아들 카밀은 한국을 방문했다. 그는 여생을 한국인으로 새롭게 살아가겠다면서 한국말을 배우고 한국에 대한 공부를 시작하고 있다.

이제 터키 어느 지역을 가나 쉽게 코렐리를 만날 수 있다. 만 5천 명의 군인들이 한반도에서 전쟁을 치렀기 때문에 그들의 한국에 대한 애착은 남다르다. 그들의 조상들이 중앙아시아와 동북아시아에서 고구려를 사이에 두고 함께 이웃으로 살았다는 친근함, 같은 알타이 민족으로 뿌리를 같이한다는 동류의식이 강하기 때문이다. 무엇보다 터키의 한국전 참

전으로 혈맹관계가 돈독해졌으며, 1999년 터키 지진참사에
대한 한국의 범국민적인 도움, 월드컵을 통한 양국 친선으로
터키의 한국 사랑은 더욱 깊어졌다. 이제 이스탄불에서는 어
디를 가도 한국 사람을 마음으로부터 위해주고 사랑하는 시
민들을 쉽게 만날 수 있다.

돌마바흐체 의 시계는 9시 5분에 멈춰 있다

    돌마바흐체의 모든 시계는 9시 5분에 멈춰 있다. 오스만 제국을 무너뜨리고 터키 공화국을 창설한 케말 아타투르크가 서거한 시각이다. 아타투르크의 등장으로 오스만 제국 6백 년 전통과 역사를 자랑하던 이스탄불의 정치적 위상은 사라졌다. 앙카라가 새로운 수도로 정해지면서 오늘날 이스탄불은 경제와 문화의 중심지로 거듭났다. 앙카라가 세속주의와 서구 지향적 사고를 보여준다면, 이스탄불은 여전히 이슬람적 분위기와 보수적이고 전통적인 사고가 깊은 호흡을 하고 있다. 5천 년 역사 도시다운 풍모와 문화적 저력이 도시의 토양에 깊숙이 배여 있음을 감지할 수 있다. 이것이 바로 지구촌 전역에서 역사를 사랑하고 인류의 과거와 현재의 모습을 비교하려는 많은 사람들이 이스탄불로 몰려드는 이유일 것이다.

인류문명의 살아 있는 현장 박물관, 동양과 서양의 각기 다른 모습들이 조화를 이루며 너무나 자연스럽게 섞여 있는 이스탄불을 나는 사랑한다. 글로벌 시대, 나와 다른 모습, 나와 다른 생각들을 끌어안고 가야 하는 우리는 이스탄불에서 작은 희망을 찾는다. 이제 여러분도 이스탄불에 도착하는 순간 이스탄불에 대한 열병을 앓게 될 것이다.

이스탄불 동서양 문명의 교류

펴낸날	초판 1쇄 2004년 6월 30일
	초판 6쇄 2015년 9월 2일

지은이	이희수
펴낸이	심만수
펴낸곳	(주)살림출판사
출판등록	1989년 11월 1일 제9-210호

주소	경기도 파주시 광인사길 30
전화	031-955-1350 팩스 031-624-1356
기획 · 편집	031-955-1365
홈페이지	http://www.sallimbooks.com
이메일	book@sallimbooks.com

ISBN	978-89-522-0248-2 04080

085 책과 세계

강유원(철학자)

책이라는 텍스트는 본래 세계라는 맥락에서 생겨났다. 인류가 남긴 고전의 중요성은 바로 우리가 가 볼 수 없는 세계를 글자라는 매개를 통해서 우리에게 생생하게 전해 주는 것이다. 이 책은 역사라는 시간과 지상이라고 하는 공간 속에 나타났던 텍스트를 통해 고전에 담겨진 사회와 사상을 드러내려 한다.

056 중국의 고구려사 왜곡 　eBook

최광식(고려대 한국사학과 교수)

중국의 고구려사 왜곡의 숨은 의도와 논리, 그리고 우리의 대응 방안을 다뤘다. 저자는 동북공정이 국가 차원에서 진행되는 정치적 프로젝트임을 치밀하게 증언한다. 경제적 목적과 영토 확장의 이해관계 등이 복잡하게 얽혀 있는 동북공정의 진정한 배경에 대한 설명, 고구려의 역사적 정체성에 대한 문제, 고구려사 왜곡에 대한 우리의 대처방법 등이 소개된다.

291 프랑스 혁명 　eBook

서정복(충남대 사학과 교수)

프랑스 혁명은 시민혁명의 모델이자 근대 시민국가 탄생의 상징이지만, 그 실상을 아는 사람은 많지 않다. 프랑스 혁명이 바스티유 습격 이전에 이미 시작되었으며, 자유와 평등 그리고 공화정의 꽃을 피기 위해 너무 많은 피를 흘렸고, 혁명의 과정에서 해방과 공포가 엇갈리고 있었다는 등의 이야기를 통해 프랑스 혁명의 실상을 소개한다.

139 신용하 교수의 독도 이야기 　eBook

신용하(백범학술원 원장)

사학계의 원로이자 독도 관련 연구의 대가인 신용하 교수가 일본의 독도 영토 편입문제를 걱정하며 일반 독자가 읽기 쉽게 쓴 책. 저자는 역사적으로나 국제법상으로 실효적 점유상으로나, 어느 측면에서 보아도 독도는 명백하게 우리 땅이라고 주장하며 여러 가지 역사적인 자료를 제시한다.

144 페르시아 문화

신규섭(한국외대 연구교수)

인류 최초 문명의 뿌리에서 뻗어 나와 아랍을 넘어 중국, 인도와 파키스탄, 심지어 그리스에까지 흔적을 남긴 페르시아 문화에 대한 개론서. 이 책은 오랫동안 베일에 가려 있던 페르시아 문명을 소개하여 이슬람에 대한 편견과 오해를 바로 잡는다. 이태백이 이 관계였다는 사실, 돈황과 서역, 이란의 현대 문화 등이 서술된다.

086 유럽왕실의 탄생

김현수(단국대 역사학과 교수)

인류에게 '예술과 문명' 그리고 '근대와 국가'라는 개념을 선사한 유럽왕실. 유럽왕실의 탄생배경과 그 정체성은 무엇인가? 이 책은 게르만의 한 종족인 프랑크족과 메로빙거 왕조, 프랑스의 카페 왕조, 독일의 작센 왕조, 잉글랜드의 웨섹스 왕조 등 수많은 왕조의 출현과 쇠퇴를 통해 유럽 역사의 변천을 소개한다.

016 이슬람 문화

이희수(한양대 문화인류학과 교수)

이슬람교와 무슬림의 삶, 테러와 팔레스타인 문제 등 이슬람 문화 전반을 다룬 책. 저자는 그들의 멋과 가치관을 흥미롭게 설명하면서 한편으로 오해와 편견에 사로잡혀 있던 시각의 일대 전환을 요구한다. 이슬람교와 기독교의 관계, 무슬림의 삶과 낭만, 이슬람 원리주의와 지하드의 실상, 팔레스타인 분할 과정 등의 내용이 소개된다.

100 여행 이야기

이진홍(한국외대 강사)

이 책은 여행의 본질 위를 '길거리의 철학자'처럼 편안하게 소요한다. 먼저 여행의 역사를 더듬어 봄으로써 여행이 어떻게 인류 역사의 형성과 같이해 왔는지를 생각하고, 다음으로 여행의 사회학적 · 심리학적 의미를 추적함으로써 여행에 어떤 의미를 부여할 것인가에 대해 말한다. 또한 우리의 내면과 여행의 관계 정의를 시도한다.

293 문화대혁명 중국 현대사의 트라우마

eBook

백승욱(중앙대 사회학과 교수)

중국의 문화대혁명은 한두 줄의 정부 공식 입장을 통해 정리될 수 없는 중대한 사건이다. 20세기 중국의 모든 모순은 사실 문화대혁명 시기에 집약되어 있다고 해도 과언이 아니다. 사회주의 시기의 국가 · 당 · 대중의 모순이라는 문제의 복판에서 문화대혁명을 다시 읽을 필요가 있는 지금, 이 책은 문화대혁명에 대한 안내자가 될 것이다.

174 정치의 원형을 찾아서

eBook

최자영(부산외국어대학교 HK교수)

인류가 걸어온 모든 정치체제들을 매우 짧은 기간 동안 시험하고 정비한 나라, 그리스. 이 책은 과두정, 민주정, 참주정 등 고대 그리스의 정치사를 추적하고, 정치가들의 파란만장한 일화 등을 소개하고 있다. 특히 이 책의 저자는 아테네인들이 추구했던 정치방법이 오늘 우리 사회가 당면한 문제를 해결할 수 있는 지혜의 발견에 도움을 줄 수 있을 것이라고 말한다.

420 위대한 도서관 건축순례

eBook

최정태(부산대학교 명예교수)

이 책은 도서관의 건축을 중심으로 다룬 일종의 기행문이다. 고대 도서관에서부터 21세기에 완공된 최첨단 도서관까지, 필자는 가능한 많은 도서관을 직접 찾아보려고 애썼다. 미처 방문하지 못한 도서관에 대해서는 문헌과 그림 등 가능한 많은 정보를 수집하려 노력했다. 필자의 단상들을 함께 읽는 동안 우리 사회에서 도서관이 차지하는 의미에 대해 다시 생각하게 된다.

421 아름다운 도서관 오디세이

eBook

최정태(부산대학교 명예교수)

이 책은 문헌정보학과에서 자료 조직을 공부하고 평생을 도서관에 몸담았던 한 도서관 애찬가의 고백이다. 필자는 퇴임 후 지금까지 도서관을 돌아다니면서 직접 보고 배운 것이 40여 년 동안 강단과 현장에서 보고 얻은 이야기보다 훨씬 많았다고 말한다. '세계 도서관 여행 가이드'라 불러도 손색없을 만큼 풍부하고 다채로운 내용이 이 한 권에 담겼다.

eBook 표시가 되어있는 도서는 전자책으로 구매가 가능합니다.

(주)살림출판사
www.sallimbooks.com
주소 경기도 파주시 문발동 522-1 | 전화 031-955-1350 | 팩스 031-955-1355